刑事错案治理研究

张 松 ◎ 著

吉林大学出版社

·长春·

图书在版编目（CIP）数据

刑事错案治理研究 / 张松著. -- 长春：吉林大学出版社, 2024. 10. -- ISBN 978-7-5768-4075-9

Ⅰ. D925.218.4

中国国家版本馆CIP数据核字第2024PY8634号

书　　名	刑事错案治理研究
	XINGSHI CUO'AN ZHILI YANJIU
作　　者	张松
策划编辑	朱进
责任编辑	朱进
责任校对	蔡玉奎
装帧设计	王强
出版发行	吉林大学出版社
社　　址	长春市人民大街4059号
邮政编码	130021
发行电话	0431-89580036/58
网　　址	http://www.jlup.com.cn
电子邮箱	jldxcbs@sina.com
印　　刷	三河市龙大印装有限公司
开　　本	787mm×1092mm　　1/16
印　　张	10
字　　数	155千字
版　　次	2025年1月　第1版
印　　次	2025年1月　第1次
书　　号	ISBN 978-7-5768-4075-9
定　　价	68.00元

版权所有　翻印必究

前　言

近些年来，刑事诉讼中的冤假错案越来越多地受到人们的关注。应当说，刑事错案始终是刑事司法领域客观存在的法律现象，其产生和存在源远流长。可以说，刑事司法的历史既是一部与犯罪活动作斗争的历史，同时也是一部尽可能防范刑事错案的历史。然而，如何正确对待刑事错案？理论上可以说是"众说纷纭"，司法实务界则应有定规。从2007年最高人民法院收回了死刑复核权，2010年最高人民法院、最高人民检察院、公安部、国家安全部、司法部联合出台《关于办理死刑案件审查判断证据若干问题的规定》和《关于办理刑事案件排除非法证据若干问题的规定》，到2012年修改《中华人民共和国刑事诉讼法》，表明国家开始重新检视刑事错案的发生及下大气力解决刑事错案的决心。党的十八大以来，在建设法治中国，深化司法体制改革，完善人权司法保障制度的大背景之下，党中央、中央政法委、最高人民检察院、最高人民法院对刑事错案更是给予了前所未有的高度重视。2013年6月，公安部发布《关于进一步加强和改进刑事执法办案工作切实防止发生冤假错案的通知》；8月，中央政法委出台《关于切实防止冤假错案的规定》；9月，最高人民检察院推出《关于切实履行检察职能防止和纠正冤假错案的若干意见》；10月，最高人民法院颁布《关于建立健全防范刑事冤假错案工作机制的意见》。2013年11月，中共十八届三中全会通过的《中共中央关于全面深化改革若干重大问题的决定》要求"健全错案防止、纠正、责任追究机制"。①2014年10月，中共十八届四中全会通过的《中共中央关于全面推进依法治国若干重大问题的决定》再次明确强调："健全落实罪刑法定、疑罪从无、非法证据排除等法律原则的法律制度。完善对限制人身自由司法措施和侦查手段的司法监督，加强对刑讯逼供和非法取证的源头预防，健全冤假错案有效防范、及时纠正机制。""实行办案质量终身负责制和错案责任倒查问责制。"②2017年4月，中央全面深化改革领导小组第34次会议审议通过的《关于办理刑事案件严格排除非法证据若干问题的规定》指出，严格排除非法证据，事关依法惩罚犯罪、保障人权。加强对刑讯逼供和非法取证的源头预防，明确公、检、法三机关在各自的刑事诉讼阶段中均负有审查和排除非法证据的重要职责，明确从侦查开始到审判终结各个刑事诉讼环节进行非法证据排除时适用的标准与遵循的程序性规则，以有效防范冤假错案的产生。2021年11月11日，中国共产党第十九届中央委员会第六次全体会议所通过的《中共中央关于党的百年奋斗重大成就和历史经验的决议》，将"依法纠正冤错案件"载入其中，表明做好纠正冤错案的工作乃是社会公平正义事业与国家法治建设的必由之路。应当说，刑事立法的不断完善与司法实务界的深刻反思给刑事错案的治理带来重大的利好趋势，在此基础之上的理论界应当对刑事错案进行系统深入的研究。因为刑事错案的出现往往集中暴露出证据制度、刑事司法运行机制、执法理念及心理偏差等方方面面的弊端，针对这些"病症"开出的"药方"，可以使刑事错案的治理更具有针对性。公平正义是刑事法治永恒的价值追求，但目前在"无罪推定""程序法治"等先进司法理念尚未得到完全贯彻落实的情况下，刑事错案的治理带有"重救济，轻防范"的基本特点，针对我国长期以来刑事错案治理具有滞后性的实际状况，笔者将刑事错案治理中的

---

①中共中央关于全面深化改革若干重大问题的决定[N].人民日报，2013-11-16（1）.
②中共中央关于全面推进依法治国若干重大问题的决定[N].人民日报，2014-10-29（1）.

"治理"限定为"防范"之意,即将错案治理的重心由事后救济转向事前防范。然而,在新形势下如何才能真正实现理性的"治理",有待审慎思考与详细论证。虽然笔者的理论视角及学术能力有诸多局限之处,但仍秉持着积极向上的学术态度与研究热情,期望通过本书的论述能够为我国刑事错案治理提供些许新的思路与视角。笔者认为,研究刑事错案治理的意义主要在以下几方面:

首先,深入研究刑事错案是习近平新时代中国特色社会主义法治思想的内涵要素。以习近平总书记为核心的党中央高度重视法治工作,党的十八大以来,全面依法治国被纳入"四个全面"战略布局之中,成为国家治理体系和治理能力现代化的一个重要抓手。党的二十大对"坚持全面依法治国,推进法治中国建设"[1]作出重要部署安排,明确提出全面推进国家各方面工作法治化的任务要求。那么,为了强化建设法治中国的力度,更好地推行法治中国建设的相关政策,党中央在成立全面依法治国领导小组以加强领导的基础上,更是明确将坚持人民主体地位、坚持宪法法律至上作为建设法治中国的基础。我们认为,法治的第一要义就是公平与正义,这不仅是司法机关维护社会公平正义的底线与政法工作的生命线,更是人民群众对于司法的切实要求与殷切期盼。如何让人民群众的合法权益能够得到公平正义的司法的保护,如何让人民群众能够拥有良好的司法感受,其首要核心则是坚持法律面前人人平等,让人民群众共享法治的阳光。而刑事错案的存在,小则限制公民的人身自由,大则剥夺公民的自由与生命,这不仅严重侵害了犯罪嫌疑人、被告人的合法权益,更将给司法公正、社会正义带来难以弥补的损害。当下,在这个全新的时代里,社会主要矛盾发生着深刻转变,此时我们所开展的刑事错案治理研究不仅是新时代法治建设的内涵要素之一,更是以积极的态度回应了提升司法公信、维护司法权威的司法目标要求。

---

[1] 习近平.高举中国特色社会主义伟大旗帜 为全面建设社会主义现代化国家而团结奋斗——在中国共产党第二十次全国代表大会上的报告[M].北京:人民出版社,2022:40-42.

其次，深入研究刑事错案是新时代人权法治保障的应有之义。我国于2004年修改《宪法》时，将"国家尊重和保障人权"作为一项重要的基本原则写入宪法，从此开启了我国加大人权司法保障创新力度的大门。2012年党的十八大明确提出"人权得到切实尊重和保障"的战略目标；2013年党的十八届三中全会《中共中央关于全面推进依法治国若干重大问题的决定》（以下简称《决定》）进一步指明"完善人权司法保障制度"的相应改革要求，并将其作为司法体制改革的重要任务之一；2014年党的十八届四中全会《决定》对"加强人权司法保障"进行了专门的改革部署，这不仅是中共中央首次提出人权司法保障的改革任务要求，同时也是对十八届三中全会提出的"完善人权司法保障制度"改革要求的进一步深入强化。2017年党的十九大在提升全面依法治国方略全局性地位和作用的同时，全面依法治国基本方略自身的内涵、要旨和形象也全面升华。其中以加强人权法治保障、推进人权保障法治化为导向，提升全面依法治国方略。2022年党的二十大更是进一步明确了只有切实加强人权法治保障，才能推动人权事业全面发展。这表明，尊重与保障人权不仅是衡量一个国家是否是法治国家的重要标志，也是评判能否建成法治中国的基本标准。可以说，从人权宪法原则到人权司法保障，再到人权法治保障，这其中并非个别文字的表述差异，而是切实反映出党和国家将人权保障纳入到国家发展轨道之中，把"人民平等参与、平等发展权利得到充分保障"[1]作为基本实现现代化的重要指标，并由此对司法提出了更高的要求。在刑事司法领域，为了使刑事司法中的人权保障力度能够得到迅速提升，我国相关部门针对防范冤假错案出台了一系列文件。基于此，刑事错案的治理效果直接关系到人权保障的切实性。

再次，深入研究刑事错案是落实《中华人民共和国刑事诉讼法》的题中之义。2012年，我国对《刑事诉讼法》进行了前所未有的重大修改与完善，其中的关键就在于如何切实贯彻与严格落实"尊重与保障人权"这一宪法基本原则。应当说，2012年《刑事诉讼法》从刑事诉讼基本原则的设

---

[1] 朱永新.从阅读公平走向社会公平[J].新华文摘，2021（15）：149.

置，到具体程序规范与诉讼制度的设计，均充分体现出维护人民群众合法权益这一根本性主旨，强化了在刑事诉讼领域之中保障人权的力度。在我国《刑事诉讼法》第二条中增加"尊重和保障人权"①这一规定，起到提纲挈领的指导作用，并完美地实现了从"人权入宪"到"人权入法"的重大突破。可以说，刑事诉讼的目的是双重的，即惩罚犯罪与保障人权。然而，我国从古代社会以来长期将惩罚犯罪视为刑事诉讼的首要目标，认为只有严厉打击犯罪才是维持良好社会治安秩序的重要手段。在我国司法完美地实现了从"人权入宪"到"人权入法"的重大突破之后，人权保障应为刑事诉讼的首要目的，这就要求我们需要平衡惩罚犯罪与保障人权二者的关系，打击犯罪从而保障人民群众不会受到非法侵害固然重要，但保证犯罪嫌疑人、被告人和被害人等当事人及其他诉讼参与人的诉讼权利，确保真正有罪之人能够受到合法、公正的对待与处理，确保无罪之人能够免受刑事追诉与惩罚也同样关键。这其中的重点就在于保障犯罪嫌疑人、被告人的权利。简单举例而言，我国《刑事诉讼法》规定"不得强迫任何人证实自己有罪"②，这对于"侦查中心主义"强调口供的绝对重要地位具

---

① 我国《刑事诉讼法》第二条规定："中华人民共和国刑事诉讼法的任务，是保证准确、及时地查明犯罪事实，正确应用法律，惩罚犯罪分子，保障无罪的人不受刑事追究，教育公民自觉遵守法律，积极同犯罪行为作斗争，维护社会主义法制，尊重和保障人权，保护公民的人身权利、财产权利、民主权利和其他权利，保障社会主义建设事业的顺利进行。"刘志伟，魏昌东，吴江.刑事诉讼法一本通[M].北京：法律出版社，2018：5-6.

② 我国《刑事诉讼法》第五十二条规定："审判人员、检察人员、侦查人员必须依照法定程序，收集能够证实犯罪嫌疑人、被告人有罪或者无罪、犯罪情节轻重的各种证据。严禁刑讯逼供和以威胁、引诱、欺骗以及其他非法方法收集证据，不得强迫任何人证实自己有罪。必须保证一切与案件有关或者了解案情的公民，有客观地充分地提供证据的条件，除特殊情况外，可以吸收他们协助调查。"刘志伟，魏昌东，吴江.刑事诉讼法一本通[M].北京：法律出版社，2018：107.

有弱化作用；确立"非法证据排除规则"①，不仅可以有效遏制侦查机关的违法取证行为，确保证据的真实性、可靠性，而且有利于尊重公民的宪法性权利、维护法律的尊严与司法的纯洁性、提高司法公信力。可以说，我国2012年《刑事诉讼法》在诉讼制度的具体设置方面，将人权保障这一理念贯穿于拘留等强制措施、非法证据排除等证据制度、律师会见等辩护制度以及从侦查至审判的诉讼程序设计之中，着力解决刑事司法实践中存在的侵害人权突出问题，一系列的新规定使我国刑事司法人权保障力度上升至新的高度。此时若对刑事错案的治理进行深入研究，不仅符合我国《刑事诉讼法》的修改初衷，而且对于今后进一步完善我国《刑事诉讼法》也具有重要意义。

最后，深入研究刑事错案是推动司法体制改革的倒逼因素。本轮司法改革从实际现存问题出发，聚焦阻碍司法公正、制约司法能力、影响司法公信这三个最为突出的重点问题，施以相应对策，体现出党中央切实改善司法环境的坚定决心。其中，党的十八届三中全会《中共中央关于全面深化改革若干重大问题的决定》将"完善人权司法保障制度"作为新一轮司法体制改革的重要任务，更是我国历次进行司法改革从未有过之举。党的十八届四中全会是党中央第一次以法治为主题召开的会议，此次会议明确了建设中国特色社会主义法治体系，建设社会主义法治国家是全面推进依法治国的总目标。而要实现这一目标，公正司法是不可回避的重要问题。关于公正司法问题，习近平总书记强调："公正司法是维护社会公平正义的最后一道防线。深化司法体制综合配套改革，全面准确落实司法

---

① 我国《刑事诉讼法》第五十六条第一款规定："采用刑讯逼供等非法方法收集的犯罪嫌疑人、被告人供述和采用暴力、威胁等非法方法收集的证人证言、被害人陈述，应当予以排除。收集物证、书证不符合法定程序，可能严重影响司法公正的，应当予以补正或者作出合理解释；不能补正或者作出合理解释的，对该证据应当予以排除。"刘志伟，魏昌东，吴江. 刑事诉讼法一本通[M]. 北京：法律出版社，2018: 121.

责任制，加快建设公正高效权威的社会主义司法制度。"①自党的十八大以来，人民法院纠正了一大批在全国范围内具有重大影响的刑事错案，并在纠正错案的过程中逐渐探索出防范错案的司法改革之道，在这其中重要的改革举措之一即是积极推进以审判为中心的诉讼制度改革，并通过《人民法院办理刑事案件庭前会议规程（试行）》（以下简称《庭前会议规程》）、《人民法院办理刑事案件排除非法证据规程（试行）》（以下简称《排除非法证据规程》）、《人民法院办理刑事案件第一审普通程序法庭调查规程（试行）》（以下简称《法庭调查规程》）等其他切实有效的措施保证"以审判为中心"是由"庭审中心主义"得以实现的。在此背景下，笔者通过对错案的反思而提出防范错案出现的治理方略，有利于符合司法规律及司法改革目标要求的错案防范长效机制的健全与完善。

---

① 习近平. 高举中国特色社会主义伟大旗帜 为全面建设社会主义现代化国家而团结奋斗——在中国共产党第二十次全国代表大会上的报告[M]. 北京：人民出版社，2022：42.

目 录

上 篇　刑事错案治理概述

第一章　治理理论的渊源与发展……………………………………　3
　一、西方治理理论的渊源与发展　………………………………　3
　二、我国治理理论的渊源与发展　………………………………　4
第二章　刑事错案的治理………………………………………………　8

中 篇　构建刑事错案治理体系

第三章　科学刑事立法是全面推进错案治理之首要前提…………　13
第四章　完善证据制度是全面推进错案治理之基础要义…………　17
　一、案件事实认知的理论基础　…………………………………　17
　二、严格刑事证明标准　…………………………………………　24
　三、完善刑事证据规则体系　……………………………………　27
第五章　"以审判为中心"是全面推进错案治理之核心所在………　37
　一、夯实侦查基础工作　…………………………………………　38
　二、筑牢检察使命防线　…………………………………………　45

三、深化审判程序规则 ·· 55
　　四、理顺公检法三机关的相互关系 ···························· 66
第六章　依法独立公正行使司法权是全面推进错案治理之制度保障 ······ 69
　　一、坚持与落实党对司法工作的领导 ························· 69
　　二、理顺人大监督与司法自主的关系 ························· 70
　　三、改善司法的外部环境 ······································ 72
　　四、优化司法的内部环境 ······································ 76
第七章　落实司法责任制是全面推进错案治理之组织保障 ··········· 83
　　一、正确解读司法责任制 ······································ 84
　　二、科学建构司法人员选任、退出与保障机制 ·············· 85
　　三、妥善运用司法责任制的倒逼机制 ························· 92
　　四、严格落实错判责任追究制度 ······························ 92
　　五、优化绩效考核制度 ··· 95
第八章　强化律师辩护是全面推进错案治理之重要力量 ············· 99
　　一、全面实施辩护律师侦查讯问在场制度 ··················· 100
　　二、着力提升辩护律师程序性辩护的效能 ··················· 101
　　三、不断完善辩护律师的调查取证权 ························ 102
　　四、大力确保辩护律师正确意见得以采纳 ··················· 103
　　五、高度重视辩护律师综合素质的全面提高 ················ 105
　　六、充分发挥法律援助制度的应有作用 ······················ 105

下　篇　提升刑事错案治理能力

第九章　树立科学执法理念，全面提升错案治理能力 ·············· 111
　　一、树立刑事错案可治理理念 ································ 112
　　二、树立尊重和保障人权理念 ································ 113
　　三、树立正当法律程序理念 ··································· 115

  四、树立遵循司法规律理念 …………………………………… 117
  五、树立依靠党的领导做好错案治理工作理念 ………………… 119
第十章 加强政法队伍建设，切实提高错案治理能力……………… 121
  一、强化政治信仰建设 …………………………………………… 121
  二、强化职业道德建设 …………………………………………… 123
  三、强化业务能力建设 …………………………………………… 126
第十一章 营造良好法治文化，有效增强错案治理能力…………… 129
  一、积极引导群众树立科学的司法理念 ………………………… 129
  二、积极引导媒体维护公正的司法权威 ………………………… 130
  三、积极引导社会厚植文明的法治精神 ………………………… 132
参考文献………………………………………………………………… 133

上篇 刑事错案治理概述

应当说，世界各国在错案产生的基本原因上存在着共通性，比如都包括虚假口供，司法鉴定错误，证人错误辨认，证据收集不到位，侦查人员不当侦查，司法人员审查、判断证据与认定事实的能力不强等。而不同之处在于，大多数国家没有我国历史悠久的传统思想文化根源，而我国也不存在他国种族歧视等问题。但是，无论错案产生原因是否相同，如何更好地应对错案都离不开"防范+救济"的共同努力。这是因为，我们衡量某个国家刑事司法制度是否健全、刑事司法环境是否良好的主要标准并非是其是否会出现刑事错案，而是该国是否已经具备了预防错案发生的能力以及针对已出现的错案能否及时有效地救济，这不仅代表了现代法治国家面对刑事错案的积极态度，更体现出该国的刑事司法制度具有面对刑事错案的勇气。

面对刑事错案的产生，我国长期以来主要采取纠错改正、国家赔偿、责任追究等事后救济措施予以解决，使得"重救济，轻防范"成为我国应对刑事错案的主要特点。这一特点随着2013年中央政法委等有关机关密集出台一系列错案防范政策而有所扭转，并由此打开了错案防范的国家政策大门。应当说，我们研究刑事错案问题，归根到底是为了在总结错案产生规律的基础之上，尽可能地减少和避免此类现象的出现。与事后纠正、国家赔偿等救济措施相比，如何进行事先的主动预防，将可能产生错案的苗头控制在最初的萌芽状态则更加有效。"天下无冤"是老百姓的朴素愿望，是人权司法保障的理想境界。虽然我们未必能百分之百地完全杜绝刑事错案，但我们能够通过内涵丰富、设计合理、科学完善的错案治理方略最大限度地降低刑事司法实践中错案的出现概率，实现"努力让人民群众在每一个司法案件中都感受到公平正义"[①]的司法目标。

[①] 童建明.努力让人民群众在每一个司法案件中感受到公平正义——学习习近平总书记关于公正司法重要论述的体会[J].国家检察官学院学报，2021，29（4）：3.

第一章 治理理论的渊源与发展

一、西方治理理论的渊源与发展

在西方，治理（governance）概念源自于古典拉丁文或古希腊语"引领导航（steering）"一词，原意是控制、引导和操纵，指的是在特定范围内行使权威。它隐含着一个政治进程，即在众多不同利益共同发挥作用的领域建立一致或取得认同，以便实施某项计划。[1]进入20世纪90年代以后，随着民间组织、慈善组织、社区组织等非官方社会自治力量的不断壮大，治理的概念在公共管理领域逐步向全球范围兴起。在公共管理学范畴内，治理理论的主要创始人之一詹姆斯·N.罗西瑙认为，治理是通行于规制空隙之间的那些制度安排，或许更重要的是当两个或更多规制出现重叠、冲突时，或者在相互竞争的利益之间需要调解时才发挥作用的原则、规范、规则和决策程序。[2]罗伯特·罗茨认为治理至少在六种意义上使用："一是作为最小国家的管理活动的治理；二是作为公司管理的治理；三是作为新公共管理的治理；四是作为善治的治理；五是作为社会控制体系的治理；六是作为自组织网络的治理"[3]，也即，其从治理范围的角度明确治理在何种意义上能够得到有效运用。应当说，在关于治理的诸多定义之中，尤以全球治理委员会对治理的界定最为全面且权威，其认为"治理是个人和公共或私人机构管理其共同事务的诸多方式的总和；治理是使相互冲突或不同的利益得以调和并且采取联合行动的持续过程；治理既包

---

[1] 俞可平.治理与善治[M].北京：社会科学文献出版社，2000：16-17.
[2] 冯含睿.治理视角下的政府理性分析[J].城市问题，2015（3）：75.
[3] 俞可平.治理与善治[M].北京：社会科学文献出版社，2000：87-95.

括有权迫使人们服从的正式制度和规则，也包括各种人们和机构同意的或符合其利益的各种非正式制度安排。"[1]从本质上说，治理所产生的管理效能并非单单依靠国家公权力机关自身带有的权威及其针对管理对象所设计的相关制度，促使其发挥作用的关键在于多方力量共同进行统治及其彼此之间相互影响所产生的互动能量。从特征上说，治理并非是如同法律法规一样的成体系化的规则，也非国家作出的一项正式制度安排，亦非是治理主体所开展的一系列活动，它实际上是一个持续性的过程，在这个过程当中，政府的控制手段不是核心与基础，多元主体之间的协调统一才是治理所强调的。应当说，在西方国家有关"治理"的话语体系中，更多强调的是超越和创新传统管理与统治的方式，提出由公共机构与私人团体等多元治理主体共同对社会公共事务进行管理的主张，具有积极的社会进步意义，但是也应看到，因缺乏较为科学的理论进行指导，加之自身具有的阶级局限性，使得人民在国家治理中的主体地位并未得到明确。

二、我国治理理论的渊源与发展

在我国，"治理"并非舶来品，中国古代历经五帝治理、诸子治国理政、汉朝"修齐治平"、唐朝"制瀍成治"、宋朝"资治"之鉴、元代"治乱警监"、明朝重修吏治和清朝治权之辩。总体而言，在古代，"治理"的具体含义主要有四：一是"管理""统治"[2]；二是"治国理政产生的成绩"[3]；三是"治理政事要务"[4]；四是"处理""整修"。其中

---

[1] 朱稳根. 全球治理视角下重大疫情应对与社会治理能力提升的思考[J]. 民航管理, 2020（4）：22.
[2] 如《荀子·君道》："明分职，序事业，材技官能，莫不治理，则公道达而私门塞矣，公义明而私事息矣。"
[3] 如《后汉纪·献帝纪三》："上曰：玄在郡连年，若有治理，迁之，若无异劾，当有召罚。何缘无故徵乎？"
[4] 如《漱华随笔·限田》："蒋德璟出揭驳之：'……由此思之，法非不善，而井田既湮，势固不能行也。'其言颇达治理。"

可为现代借鉴的有益经验主要包括：其一，重视法律的作用[①]；其二，以人为本及和谐发展理念[②]；其三，强大国家[③]；其四，公平气正[④]；其五，综合施策并强化核心价值体系[⑤]；其六，善治[⑥]。但是，我们也需认识到，中国古代关于"治理"一词的词源主要强调国家如何"治国理政"，更加强调皇权的至上权威对社会的控制与对政务的处理，也即突出"治"的作用。很显然，这种"治理"与现代法治国家要求的保障人权、公平正义等理念并不相符且严重违背。1848年，马克思主义诞生之后，在马克思与恩格斯的论著中已有"治理"词语的出现。比如，恩格斯在其《德国的革命与反革命》第十一章关于"维也纳起义"论述中有"治理制度"的表述，马克思在其《路易·波拿巴的雾月十八日》第五部分有"我首先注意的问题不是谁将在1852年治理法国，而是要运用我所能支配的时间使这个过渡时期不发生风波和乱子。"第六部分有"法国资产阶级把这种商业停滞说成是纯粹由于政治原因，由于议会和行政权力间的斗争，由于临时的治理形式的不稳定。"[⑦]然而对于当时的中国而言，从1840年爆发鸦片战争开始，直至后续的70年时间里始终处在半殖民地半封建社会的漩涡之中，因国家主权遭别国侵犯，使得管理国家的权力实际上落入西方列强手中，虽然曾以康有为、梁启超为代表发动戊戌变法，以孙中山为代表提出"三民主义"，但最终均以失败而告终。在这样的乱世之中，并无"治理"的机会与可能。新中国成立初期，因深受苏联的影响，我国实行以计划经

[①] 如"治天下不可以无法度"等。
[②] 如"为治之本，务在安民"；"克明俊德，以亲九族。九族既睦，平章百姓，百姓昭明，协和万邦，黎民于变时雍"等。
[③] 如"强必治，不强必乱"等。
[④] 如"昔先圣王之治天下也，必先公，公则天下平矣，平得于公"；"治国之术百数，其要在清净自化"等。
[⑤] 如"文德武功，经天纬地"；"务治民心"等。
[⑥] 如"德者为理之本也"等。
[⑦] 马克思,恩格斯. 马克思恩格斯选集（第1卷）[M]. 中共中央马克思恩格斯列宁斯大林著作编译局,编译. 北京：人民出版社,1972: 555, 656, 679.

济为基础的高度集中的政治体制，采取统摄一切的"全能主义"的政治结构，在此之下，只将国家作为施以管理之策的唯一主体，其他均为被管理的对象。"全能主义"管理模式虽然能够取得一定的效果，但这种非常态化的治理模式导致一系列极其严重的不利后果的出现。因为全能主义国家治理模式的特点在于国家吞没了社会、计划排挤了市场，国家是唯一的治理主体，它有利于国家集中资源建设机器大工业，在短时间内，苏联就从一个落后的农业国转变成一个强大的社会主义工业国家，但经济结构的不平衡严重影响了人民的生活水平，与"强国家"形成鲜明对比的是"弱社会"。1978年，是我国进行社会主义建设的关键转折点，从此之后，我国国家治理开始向发展型、成长型、和谐型国家治理等"内生性演进"的社会管理创新模式迈进。

应当说，真正地提出具有科学意义"治理"概念，是在党的十八届三中全会上明确指出的"推进国家治理体系和治理能力现代化"，这不仅反映出社会现代化理论的跨越式发展，更是国家治国理政理论体系的关键性创新，意义十分重大。笔者在此作以下解读：其一，"治理"的主要特征有五：一是治理是一个持续的过程；二是治理的基础在于整合各方力量；三是治理的主体范围具有包容性，包括公权力机关，也包括社会民间力量；四是治理的方式并不仅仅是推行某种或几种制度，而是多措并举，且各项决策之间有持续性的相互作用；五是治理的对象不仅包括对于"事"的管理，也有对于"人"的约束；不仅管理现有的事务，也包括对长远事务的思考。其二，国家治理的两大向度：即治理体系与治理能力。其中，国家治理体系就其本体而言即为国家制度体系。正如张文显教授所言："中国特色社会主义国家治理体系是由一整套制度构成的，包括以中国共产党党章为统领的党内法规制度体系、以党的基本路线为统领的党和国家的政策制度体系、以宪法为统领的法律体系及由法律体系构建起来的法律制度体系。这套制度体系，从治理事务角度，分为有关改革发展稳定、内政外交国防、治党治国治军等治理制度；从治理活动角度，包括治理主体制度、治理权能制度、治理程序制度、治理评价制度等。"①国家治理能力是治理主体能够承担并胜任制度执行者角色的主观要件，也即治理主体通过良好地执行制度以实现国家治理目标的素质能力。张文显教授对此表明："治理能力具体包括执政党科学执政、民主执政、依法执政的能力，人大及其常委会科学立法、民主立法的能力以及依法决定重大事项、保证宪法法律实施、对'一府两院'实行法律监督和工作监督的能力，人民政府科学行政、民主行政、依法行政、严格执法的能力，司法机关公正司法、定分止争、救济权利、制约公权、维护法制的能力，广大人民群众、人民团体和社会组织依法管理国家事务、经济社会文化事务、依法自治的能力，党和国家各级领导干部深化改革、推动发展、化解矛盾、维护稳定、改善民生的能力。"②治理体系与治理能力二者之间是相互依赖、相辅相成、无法分离的关系。治理体系是治理能力得以存在的基础，良好的制度设计与科学的程序操作是能够得以执行的先决要件，而具备优质的治理能力则是确保制度得以贯彻落实的重要保障。其三，国家治理的理想状态：即"善治"。所谓善治，就是使公共利益最大化的社会管理过程。善治的本质特征就在于它是政府与公民对公共生活的合作管理，是政治国家与市民社会的一种新颖关系，是两者的最佳状态。俞可平教授总结出善治的十大基本要素：一是合法性；二是法治；三是透明性；四是责任性；五是回应；六是有效；七是参与；八是稳定；九是廉洁；十是公正。③

---

① 张文显. 法治化是国家治理现代化的必由之路[J]. 法制与社会发展（双月刊），2014（5）：8.
② 张文显. 习近平法治思想研究（中）——习近平法治思想的一般理论[J]. 法制与社会发展（双月刊），2016（3）：37.
③ 俞可平. 论国家治理现代化[M]. 北京：社会科学文献出版社，2015：28-32.

第二章　刑事错案的治理

民主和法治是现代国家治理最为重要、最本质的要素。"法律是治国之重器，良法是善治之前提"[①]论断的提出不仅精准把握国家治理发展的时代脉搏，更直接切中了国家治理之命脉。这就说明，国家治理体系和治理能力的现代化最后必然要表现为法治现代化，体现在运用法治思维和法治方法深化改革、推动发展、化解矛盾、维护稳定上。[②]科学立法、严格执法、公正司法、全民守法是建设法治中国的基本要务，这四项任务的积极开展将对国家治理现代化进程起到关键性的推动作用，而对刑事错案的治理是建设法治中国过程中无可回避的重要问题。因此，笔者将对刑事错案的治理放置于推进国家治理体系与治理能力法治化的大背景之下，提出刑事错案治理的概念，并设计科学合理的治理方略，以期有效保障人民权益，切实维护司法公正。

所谓刑事错案的治理，主要是指：国家公权力机关、社会组织及公民个人依法防范和救济刑事错案的实践活动及其过程。具体而言，主要包含五方面基本内容：其一，治理的主体是国家公权力机关、社会组织及公民个人，而其中尤以国家公权力机关为核心；其二，治理的对象是刑事错案，包括尚未发生的错案与已经发生的错案；其三，治理的内容是防范与救济，也即事前预防与事后挽救；其四，治理的方式是"制度"之治，因"制度具有根本性，制度可以改造人的素质，可以制约治理者的滥权和失

[①] 张星炜. 良法是善治之前提[J]. 理论与改革，2014（6）：11.
[②] 张文显. 全面推进法制改革，加快法治中国建设——十八届三中全会精神的法学解读[J]. 法制与社会发展（双月刊），2014（1）：16.

职"①，所以，治理刑事错案的关键在于制度的改革与创新；其五，治理的目标是通过对刑事错案的治理，使尚未发生的错案无法形成，使错案一经发现即能得到及时有效的依法纠正，继而让民众对国家法治树立起信心。

根据治理的范围大小，笔者将其划分为广义的刑事错案治理与狭义的刑事错案治理，其中前者是包含潜在错案与显在错案双重对象、救济与防范双重内涵的概念，后者则仅为潜在错案单一对象，有效防范单一内涵的概念。鉴于我国长期以来针对刑事错案的理论研究及司法实践应用更多地集中于救济（纠正、赔偿、追责）层面，同时刑事错案的治理是一个复杂的系统性工程，所涉方面众多，无法做到面面俱到地阐述与论证，故笔者在接下来所提出的刑事错案治理如无特殊情况，将其概念限定为狭义的刑事错案治理，以便突出重点对刑事错案进行具有针对性的治理，而且若能对错案进行良好的防范，不仅可以有效缓解错案救济所带来的压力，更加能够提早预防错案所带来的危害。刑事错案治理现代化作为国家治理现代化的一个分支，同样包含着两大向度，即刑事错案治理体系与刑事错案治理能力。其中，在构建刑事错案治理体系部分主要论述六方面内容：一为科学刑事立法是全面推进错案治理之首要前提；二为完善证据制度是全面推进错案治理之基础要义；三为"以审判为中心"是全面推进错案治理之核心所在；四为依法独立公正行使司法权是全面推进错案治理之制度保障；五为落实司法责任制是全面推进错案治理之组织保障；六为强化律师辩护是全面推进错案治理之重要力量。刑事错案治理所包含的另一向度是刑事错案治理能力，本书主要论述三方面内容：一为树立科学执法理念以全面提升错案治理能力；二为加强政法队伍建设以切实提高错案治理能力；三为营造良好法治文化以有效增强错案治理能力。总而言之，刑事错案治理体系与刑事错案治理能力之间密不可分、相互依存、彼此促进，错案治理体系的科学构建为错案治理能力打下良好基础，错案治理能力的提升优化则为落实错案治理体系提供重要保障。

---

① 俞可平. 衡量国家治理体系现代化的基本标准——关于推进"国家治理体系和治理能力的现代化"的思考[J]. 党政干部参考, 2014（1）: 14.

中 篇 构建刑事错案治理体系

邓小平曾深刻指出制度问题带有根本性、全局性、稳定性和长期性，制度好可以使坏人无法任意横行，制度不好可以使好人无法充分做好事，甚至会走向反面。①实际上，自新中国建立以后，国家不断探索制度治理的理论与实践问题，并积累了相应的经验，取得了一定的成果。当然，在这其中也遇到过严重的阻碍。直到党的十八大以后提出了制度治理②的全新理念，积极推动全面深化改革之中的制度建设，促使制度创新迈向了全新的阶段，充分标志着我们党对于制度规律性的认识已提升至一个全新的境界。如前文所述，刑事错案的治理是我国全面深化改革、建设法治中国进程中亟须解决的重要问题之一，而刑事错案现象之所以一再出现，与我国刑事诉讼制度及司法制度中可能存在的漏洞和缺陷密切相关。所以，制度乃有效治理刑事错案的现实路径，制度建设则为有效治理刑事错案的关键性支柱。

---

① 邓小平. 邓小平文选（第2卷）[M]. 北京：人民出版社，1994：333.
② 中国的制度可以做广义和狭义之分。广义的制度是指中国特色的社会主义制度，包括根本政治制度、基本政治制度、经济制度、法律体系，以及建立在这些制度之上的经济体制、政治体制、文化体制、社会体制、生态体制等各项具体制度。狭义的制度特指具体制度，包括支撑基本制度的具体法律法规、规章制度，以及保障基本制度实施的体制机制等。刘建伟. 论习近平的制度治理思想[J]. 求实，2016（4）：17. 本书所称的刑事错案制度治理，即在狭义范畴界定制度的基础之上，运用具体制度治理刑事错案。

第三章　科学刑事立法是全面推进错案治理之首要前提

20世纪的英国较为注重根据错案反思法律制度的漏洞，通过积极立法尽可能防范错案的再次出现。比如曾以阿道夫·贝克错案为契机，不仅成立了专门委员会，而且受到专门委员会出具的报告的影响，英国国会于1907年通过《刑事上诉法》，该法规定刑事上诉法院有权审理"基于事实或者基于事实和法律的混合对定罪提起的上诉，以及针对上诉人辩称其刑罚虽然合法但过于严厉而对刑罚提起的上诉"[1]，由此正式确立了上诉制度，创设了刑事上诉法院，这不仅给可能被错判者提供了法定的诉讼救济途径，而且也推动了英国刑事司法体制的改革。20世纪中期发生了蒂莫西·伊文思、德雷克·宾利、露斯·埃利斯三大具有较大影响的案件，在三名无辜者被错判为有罪并处以死刑之后案件才被予以平反，这在英国引起了强烈的反响，并引发了是否应当保留死刑的争论。于是，英国1984年制定《警察与刑事证据法》以后，又推出了配套性的"实施规程"，包括《警察辨认嫌疑人的工作规程》等对警察行为进行全面的法律规制，其中正式确立了合适成年人的参与制度。[2]在美国，2000年10月10日参议员帕特里克·利希首次向国会提出《无辜者保护法案》，其目的在于改革刑事司法制度来避免无辜者被冤杀。2004年第108届国会全票通过了《无辜者保护法案》，并经布什总统的签署正式生效。2004年《无辜者保护法案》

---

[1] 约翰·斯普莱克. 英国刑事诉讼程序[M]. 徐美君，杨立涛，译. 北京：中国人民大学出版社，2006：626.
[2] 刘品新. 论刑事错案的制度防范体系[J]. 暨南学报（哲学社会科学版），2016（7）：22.

设计了两种补救途经：其一，保障所有被判有罪的人有通过DNA检测证明自己无罪的机会；其二，对有可能被判处死刑的被告，保障他们在诉讼的任何阶段都享受充分有效的法律服务或在案件调查方面提供民间非盈利性组织的帮助。后来这一服务延伸到了定罪后的阶段，即如果发现了无辜蒙冤者，该法案允许民间力量代理无辜者向法院申请再审并为无辜者提供诉讼代理服务。[1]也即通过《无辜者保护法案》尽力避免无辜之人受到冤枉，减少法院误判的可能性。

再观我国，根据我国现有立法及针对刑事错案出台的系列文件等表明，错案防范已纳入到国家顶层设计之列。中央及各部门逐步探索错案深层次原因，并根据"病因"开出"药方"。一方面，由中央文件对刑事错案防范体系作政策性的顶层设计，表明国家对刑事错案治理的坚定决心；另一方面，通过对《中华人民共和国刑法》《中华人民共和国刑事诉讼法》及相关司法解释、具体规定等法律规范进行修改与完善，以更好地将党的意志转变为立法原则与规则，使得对刑事错案治理更具法律强制力；同时，在党的决策部署及法律精神的引领之下，各部门指导下级机关如何贯彻中央决策及落实具体制度，并建立起相应的配套机制。应当说，在自上而下防范体系的运转下，我国的错案防范工作已经取得了一定的成效。但是，也须清醒地认识到，我国目前针对错案出台的文件大多数都是以"通知""意见""规定""决定"等形式下发的，在这些表述中，除了司法解释中的"规定""通知"以外均非"法律"应有之义，而为政策参考性质的规范性文件，这类文件自然无法与《中华人民共和国刑事诉讼法》等基本法的效力相比肩，由此导致刑事错案治理的法律效果相对弱化。也即，即便这类文件对错案防范的规定细致又全面，但是因其无"法律"的"合法身份"，也仅能对刑事司法实践起到指导性作用，而无法律强制力方面的约束。

应当说，运用制度治理刑事错案的首要前提是需明确由宪法与法律

---

[1] 王守安, 董坤. 美国错案防治的多重机制[J]. 法学, 2014（4）: 142.

确认并建构的相关错案治理制度虽然不是错案治理制度体系的全部，但却是最为核心、也是最为关键的制度。因为只有当错案治理制度上升至国家法律的层面，才能被予以定型，并增强实际的执行力与运行力。错案治理制度的法制化道路一般为：党和政府先用党内法规及大政方针政策的形式确认国家有关于错案治理的理念、原则、方略等，当这些党内法规及政策在刑事司法实践中得到更进一步的成熟发展之后，再运用国家立法程序将其上升至法律层面，用宪法及法律的形式加以固定、精细、定型。经过法律定型之后的政策作为错案治理制度则具有普遍性、强制性、长效性、可诉性等鲜明特征，可以有效克服政策因地而异、难以诉诸法律解决矛盾等缺陷，便于国家机关更好地遵守及民众更加清晰地知晓。如今，"人民群众对立法的期盼，已经不是有没有，而是好不好、管用不管用、能不能解决实际问题；不是什么法都能治国，不是什么法都能治好国；越是强调法治，越是要提高立法质量。"[1]习近平总书记指出："法律是治国之重器，良法是善治之前提"，要"以良法促进发展、保障善治"，"立法、执法、司法都要体现社会主义道德要求，都要把社会主义核心价值观贯穿其中，使社会主义法治成为良法善治"。[2]"良法善治"蕴含着"以人民为中心"的法治理念，即法治建设为了人民，法治发展依靠人民，法治成果由人民共享，满足人民对法治的美好需要。这首要地表现为坚持科学立法、民主立法、依法立法，不断提高立法质量和效率，制定"良法"。张文显教授认为，所谓"良法"，可在四种意义上把握：一是法律应符合规律；二是法律制定得良好；三是法律实施得良好；四是法律体现社会良善价值。[3]那么，为有效治理刑事错案，亟须将国家政策性文件中的主旨要义、理念精神等纳入到法治轨道之中，立法者在制定或者修改错案治理

---

[1]习近平.习近平关于全面依法治国论述摘编[M].北京：中央文献出版社，2015：43.
[2]习近平.论坚持全面依法治国[M].北京：中央文献出版社，2020：166.
[3]张文显.习近平法治思想研究（中）——习近平法治思想的一般理论[J].法制与社会发展（双月刊），2016（3）：22.

相关法律规范时，应当注重尊重并反映刑事错案的自身规律，使其能够做到普遍适用、稳定持续、权责明确，符合公平正义、人民主体、文明和谐等良法特征，由此促使国家机关在尊重宪法与法律的前提下严格执法、公正司法，社会公众自觉遵守法律，形成常态化、法治化的刑事错案治理模式。

第四章　完善证据制度是全面推进错案治理之基础要义

应当说，刑事错案的产生几乎无一例外地伴随着证据问题，不是在证据的某一环节出现了问题，就是证据的多个环节相互作用共同致使错误的发生。也即，证据问题系导致刑事错案出现的根蒂，其他原因如刑事司法职权未得到合理配置、不当干预司法、不合理的考核指标等制度运行偏差以及办案人员自身素质的不足每每会通过证据问题表现于外或演变为对证据的不当使用。也即，倘若证据制度不健全，以审判为中心就会变成一句空话。[①]证据制度的地基筑不牢，刑事错案治理的大厦随时都有倾塌的可能。鉴于证据在刑事诉讼中具有举足轻重的关键作用，笔者将在本章着重分析运用证据认知案件事实的理论基础、严格刑事证明标准及建构刑事证据规则体系等相关内容，从而为打造更高水平的刑事错案治理体系奠定良好的证据基础。

一、案件事实认知的理论基础

证据法学中的客观真实论作为以辩证唯物主义认识论为指导的认知案件事实的重要理论基础，在我国独步学界多年。该理论认为，发现案件真实情况乃刑事诉讼最为重要的价值。笔者虽然并不否认发现真实在刑事诉讼证明中的重要性，但以保障无辜者权益防止其被错误追诉为第一要务的法律真实论应为诉讼证明的核心问题，这也是证据理论与证据规则所要解决的首要问题。

[①] 张保生.证据制度的完善是实现审判中心的前提[J].法律适用,2015(12):12.

（一）运用证据认知案件事实的认识论基础

因证据制度是在法律规范中具体规定如何在诉讼过程中通过收集、审查判断证据并进而运用证据判断案情的具体规则所形成的体系，使得其所要解决的最核心问题即在于如何确保司法工作人员能够正确认知案情，也即如何确保司法工作人员的主观认知能够符合客观实际。这就表明，刑事诉讼活动的主要构成部分即为一种认识活动，其将个案的证据材料作为认识的关键要素，将经验法则、法学原理作为认识的重要助力，通过"去伪存真""去粗取精"得以确定案件事实。所以，刑事诉讼过程中的收集、审查、判断证据以及证据裁判活动必然会受到特定历史时期及社会环境的认识论水平的制约。无论是中西内外还是古往今来，但凡理性的刑事司法制度无一例外地将准确认定案件事实视为执法办案的首要目标。比如英国进行司法改革时，在其报告中指出："根据公诉方必须举证和被告人不必自我归罪的双重原则，审理应是寻求事实真相。目标必须是判决有罪者、释放无辜者"。[1]美国亦有学者认为："在特别的刑事案件中，人们也不能忽视发现真实本身的责任是刑事司法理想的一部分。明确的是，尽管存在允许被指控人放弃某项辩护和权利的意愿，但是不同于欧洲大陆的美国理想是不能容忍导致对无辜者定罪的事实错误。……在刑事司法中，社会越是不把自己只看成与被害人站在一起的角色，而是促进其诸如安全、人权或环境保护的重要目标的角色，那么它就越会错误地把无罪判决看成是严重的社会政策问题。……一项为其他目的而在总体上产生不正确结果的诉讼程序，不会生存得太久。"[2]在我国，认识论同样对于证据规则体系的形成与完善带来非常大的影响。比如，根据《中华人民共和国刑事诉讼法》，"可以用于证明案件事实的材料，都是证据……证据必须经过查证属实，才能作为定案的根据；凡是知道案件情况的人，都有作证的

---

[1]最高人民检察院法律政策研究室.所有人的正义:英国司法改革报告[M].北京:中国检察出版社,2003: 23.

[2]Joseph D.Grano. Confession, Truth, and the Law[M]. The University of Michigan Press, 1993: 11.

义务。"①同时，将"事实清楚，证据确实、充分"作为公安司法机关认定案件事实的证明标准，实际上等同于应查明案件的客观真实情况。可以说，我国刑事诉讼法典有关于证据的诸多条款均体现着认识论要旨，认识论对于认识活动具有重要的理论指导意义。

所谓认识，是指"能够确定某一人或事物是这个人或事物而不是别的"或者指"人的头脑对客观世界的反映"。②也即人运用其物质感官与头脑判断的双重功能共同对某一特定事物进行了解。那么，刑事诉讼过程中的认识，则为刑事诉讼的参与者凭借自身机体感知与头脑再次加工而对刑事案件进行反映、推断以达到了解案件事实目的的过程。在认识论中，有关于人是否可以认识世界，存在可知论与不可知论基本观点的对立。就人类的认知本性而言，人所具有的认识能力是无限的，在无外界与内部因素限制的情况下，人类是可以对客观存在的事物作出正确的认知与判断的，然而，因任何一个独立的个体均会受到客观存在的事物的本身复杂性或是自身认知能力的有限性及思维局限性等一系列主客观条件的制约，使得人的认识能力终究无法达到无限的程度，也不可能对客观存在的所有事实均一次性地穷尽认知。正如恩格斯所言："每一个人的思维所达到的认识的至上意义，那么我们大家都知道，它是根本谈不上的，而且根据到目前为止的一切经验看来，这些认识所包含的需要改善的因素，无例外地总是要比不需要改善的或正确的因素多得多。"③就证据制度的刑事司法实践运转而言，更多遵从的则是可知论的观点。正如有学者指出，对未知案件事实的可知或者不可知的追问，虽然看起来以"未知"为起点，但

---

① 我国《刑事诉讼法》第五十条规定："可以用于证明案件事实的材料，都是证据。"第六十二条规定："凡是知道案件情况的人，都有作证的义务。"刘志伟，魏昌东，吴江. 刑事诉讼法一本通[M]. 北京：法律出版社，2018: 84, 142.
② 中国社会科学院语言研究所词典编辑室. 现代汉语词典[M]. 北京：商务印书馆，1996: 1067.
③ 马克思, 恩格斯. 马克思恩格斯选集（第3卷）[M]. 中共中央马克思恩格斯列宁斯大林著作编译局, 编译. 北京：人民出版社，1995: 427.

在哲学上却是以"可知"为基础的。①按照证据制度中的可知论原则，不仅侦查机关可以通过理性平和的方式收集证据材料，检察机关认真履职审查证据材料，审判机关客观公正地判断证据材料，而且公安司法主体还能够根据自身的办案经验、专业素养等对相关证据材料是否满足证据能力的要求及对待证事实的证明力大小进行一定的衡量与判断，进而形成认知案件事实的心证。但值得注意的是，刑事诉讼证明中的可知论与哲学意义上的辩证唯物主义所坚持的可知论并非完全一致。这是因为，哲学意义上的可知论的观察视角系整个人类历史长河，而在刑事诉讼中，公安司法机关的办案人员并非事件的亲历者，其以案件事实"不知情者"的身份介入诉讼过程致使其自身认知有局限性，在此情况下，让其"以诉讼的方法令人完全确信地重现过去是不可能的"。②由此，证据便成为联系主客体的惟一"桥梁"，或"折射"事实的"镜子"。一方面，没有证据这面"镜子"，就不可能认定案件事实。另一方面，"证据之镜"原理也揭示了证据推论的局限性，即事实认定者通过证据所查明的事实真相，在某种程度上像是"镜中花"，乃是证据推论的"思想产品"。③也即，刑事诉讼乃可知论的限制性因素，在所有围绕证据展开的刑事诉讼中，因受到"证据之镜"原理的模糊性以及由其产生的证据推论的归纳性和事实认定的盖然性，使得无论是当事者还是控诉者抑或是裁判者，他们对于案件事实进行认知、判断与确信的能力均非具有至上性，而只能是有限性，所追求的目标也绝非终极意义之上的"绝对真理"，而只能是"相对真理"。若一味追求"命案必破""不枉不漏"的"客观真实"，可能会使随意审查证据材料、走过场的庭审虚化等问题屡禁不止。虽然这些方式消耗资源较少，部分案件也会在此种情况之下得以破案，并让真正的犯罪分子得到法律的制裁，但通过本书对错案原因的分析来看，也正是因为过于注重"客观真

---

① 张步文. 司法证明原论[M]. 北京: 商务印书馆, 2014: 85.
② 理查德·A.波斯纳. 法理学问题[M]. 苏力, 译. 北京: 中国政法大学出版社, 2002: 277.
③ 张保生. 事实、证据与事实认定[J]. 中国社会科学, 2017（8）: 117.

实"的实现才让办案人员乃至普通公民长期以来将严惩有罪作为刑事诉讼最主要的目标，致使错案的出现难以杜绝。所以，在刑事诉讼中，一方面应当承认发生过的案件事实是客观存在的，我们对于案件事实的正确认识是对客观存在的事实的反映；另一方面也应当承认在一些案件的诉讼调查研究工作中会得出错误的结论，反对一口断定"我国法院所作的判决，永远都反映真实情况"。[①]

（二）运用证据认知案件事实的价值论基础

应当说，证据法学的理论基础从认识论到价值论的推进，是运用证据认知案件事实的必然结果。诉讼活动不但是发现、了解案件事实情况的认识活动，更是一种包含着诸多诉讼价值的选择过程，倘若仅将诉讼活动认定为单纯的认识活动，难免会出现"重实体、轻程序""重结果、轻过程""重权力、轻权利"的不利后果，而且也无法解释刑事诉讼过程中非法证据排除规则、沉默权等相关现象。因为，根据认识论的要求，公安司法人员在办理案件的过程中应当竭尽全力地保证其对于事实的认定与客观真相相一致，只要能够达到此目的，实施任何行为均具有效性。但是，实际上，因刑事诉讼活动自身的特殊性使得公安司法人员认定案件事实的过程必然与一般社会公众的普通认知有所不同，法律规范对于探寻案件事实的方式、方法、手段设定了诸多限制，正是这种限制性因素的存在阻碍了案件事实与客观事实相一致的实际效果。这就说明，运用证据认知案件事实的理论基础并非仅为认识论，势必还要受到特定社会意识形态中的价值衡量的束缚。

理论界关于证据法学的理论基础主要有以下几种学说：一是将其作为辩证唯物主义认识论看待。该观点认为我国证据制度所要解决的关键问题是如何确保司法工作人员能够正确认识案件事实，也即怎样使其主观心理符合客观实际情况。二是将其作为形式理性观念和程序正义理论。该观点认为诉讼活动不单是将如何发现案件事实真相作为最终目的，其中还包含着影响诉讼价值实现的诸多因素，倘若只是将其作为一种认识活动，将导

[①] 张建伟.证据的容颜 司法的场域[M].北京：法律出版社，2015：22.

致"重实体、轻程序"的情况出现。三是将其作为辩证唯物主义认识论和程序正义理论。该观点认为辩证唯物主义的认识论会指引我们如何去正确认识客观世界,程序正义理论将从法律上去规范这些认识的方法和途径,将二者统一起来共同作为证据法学的理论基础。四是将其作为认识论和法律价值及其平衡、选择理论。该观点认为认识论应当是证据法学的重要理论基础之一,刑事诉讼的主要目标之一也在于如何追求客观上的真实性。但需注意的是,证据法学的另一个重要理论基础将是法律价值意义上的平衡和选择,这就说明证据法的基础理论价值并非具有一元性和二元性,而是多元性的存在。五是将其理解为多元的、分层次的。该观点认为证据法的理论基础多元价值取向的融合体,不仅有政治层面的,还有认识和方法层面的,同时还包括法律价值的理论,等等。笔者认为,运用证据认识案件事实必然要受到认识论的影响与制约,但认识论并非是唯一的理论基础,除此之外还要受到多元法律价值平衡与选择的影响。所以,证据法的价值基础具有多元性,它们共同组成证据法的价值理论体系。从中国特色社会主义法治建设实践角度出发,证据法最起码有四项价值是基本价值,即秩序、自由、公平、效率。这些价值要素不仅表征人类社会法制文明与政治文明关于基本价值的共识,同时也反映出我国特定的历史文化传统与当今现实国情的因素。在四项基本价值中,秩序是法治建设的基础,也是法之所以产生与存在的最直接目的。

"一个现代化的社会,应该既充满活力又拥有良好秩序,呈现出活力和秩序有机统一。"[①]司法的正义性首先表现在运用证据对案件事实进行客观公正的判断,在准确认定事实的基础之上正确适用法律,由此实现国家惩治犯罪、维护社会秩序的目的。但秩序价值并非是刑事法律的唯一价值,在维护社会秩序的同时要与个人自由、平等以及提升办案效率等其他价值相互平衡,对于彼此之间存在冲突的价值也要有所取舍。概而言之,刑事诉讼主体正确认识客观存在的案件事实是在诉讼实践过程中从最初的

---

① 习近平.在经济社会领域专家座谈会上的讲话(2020年8月24日)[N].人民日报,2020-8-25(2).

感性认识上升至理性认识,经过对证据材料的理性判断之后形成内心确信再次回至诉讼实践,这一过程是经由实践不断检验、不断修正、不断完善的循环往复、永无止境的过程。在运转的过程中必然要投入相应的人力支持、资源供给、技术扶助等。但是,毕竟这些资源的提供是有限度的,我们既不能为了追求案件的"绝对真理"而无限期地延长审限,也不能无视资源付出的代价,无视牺牲效率得到的迟来正义与正义真谛是否相违背;又不能片面追求资源集约而致司法公正价值逐渐弱化以致丧失殆尽。解决这一矛盾的最佳方案则为树立法律真实观。作为客观真实观的对应面,法律真实观不应仅仅满足于宣言式的存在,而应将其宗旨贯穿到具体的证明制度中,使其细化为制度性的存在,使诉讼证明实现"真"与"善"的统一。[①]

所谓法律真实,是指在刑事诉讼中,诉讼认识主体运用证据对案件事实的认定符合刑事实体法和程序法的规定,从而达到法律上认为是真实的程度。诉讼中进入裁判者视域的不是客观事实,而是法律事实,法律事实是诉讼主体通过诉讼认识实践形成的对于案件事实的主观认识,是定罪量刑的依据。法律事实的真实性无法直接以客观案件事实来检验,而只能据其产生的诉讼认识实践是否符合法律规定,判断其是否达到法律真实。[②]在法律真实观的引领之下,一是明确发现案件事实真相并不是一件坏事,为避免错判无辜的最好办法即是能够发现案件的客观真实情况,在这一发现过程中,不仅能够做到惩罚犯罪,而且也可减少乃至避免错判无辜,但如果对防范错判无辜有所忽视,而将全部注意力集中放在让有罪之人无一漏网之上,则极有可能出现变相加大审讯"力度"的局面,一旦办案人员形成认为自己掌握的证据足以证明某人有罪,已经揭示了案件事实真相而不再思考案件其他可能性的思维定式之后,就会出现应该撤案的不予撤案,应该不予起诉的不作不起诉处理,应该判处无罪的不敢判处无罪,最终致使无辜者被错误羁押、错误判刑、错误服刑。二是明确查证案件事

---

① 闵春雷.刑事证明:变客观真实为法律真实[N].检察日报,2004-2-5(3).
② 樊崇义,赵培显.法律真实哲理思维[J].中国刑事法杂志,2017(3):4.

实的过程是对过去事实的再现,公安司法人员以及其他参与刑事诉讼活动的辩护人等人士均未亲历案件的发生过程,那么,他们需要按照法定程序、依据法定标准寻找重塑案件事实的相关证据材料,并根据这些材料形成主观的思考与判断,但如若离开这些证据材料而进行凭空臆想,则是绝对不可靠的。所以,证据乃评判案件事实情况的唯一根据,也唯有证据才是促使公安司法人员及诉讼参与人认知案件事实无限接近于客观真实的有效途径,脱离证据的任何一种揣度均非法律事实,也非证据本身,仅仅是如何寻找证据材料的前导。三是明确在发现案件事实真相的同时重点防范无辜者被错误羁押、追诉与惩罚的可能性。因为"保障无辜和惩罚犯罪之间存在一种相生相克的关系,一种价值的实现往往以另一种价值的牺牲为条件,一种价值的牺牲也可能导致另一种价值的实现。……在实体正义诸方面的要求中,保障无辜的价值在刑事诉讼制度中居于首要的地位而且具有绝对的意义。保障无辜是正义的底线,失去了这一基本价值,正义从根本上无从谈起。"[①]具体而言,一方面,需要公安司法机关在办案过程中遵循司法公正原则、无罪推定原则、程序法定原则,要求侦查机关履行合法、全面、客观的侦查义务,检察机关履行客观性的注意义务,审判机关履行依法澄清义务的同时,不能忽视对被追诉人真实协助权利的保障;另一方面,一旦出现惩罚犯罪与保障人权不能两全局面时,应当秉持法律真实主义,以保障无辜者权益防止错误追诉为第一要务。毕竟,"对于被指控为罪犯的嫌疑人、被告人权利的保护,不能仅仅看作是对社会一小部分人群的特殊,而应将其放在更宏大的视野里,视为是对整个社会中所有成员的保障。因为,所有的社会中的人,无论男女老少,都有可能被怀疑为罪犯而身不由己地被牵涉到刑事诉讼当中去。"[②]

二、严格刑事证明标准

在证据制度中,证明标准系核心问题之一。英国学者摩菲认为:"证

---

① 宋英辉.刑事诉讼原理[M].北京:法律出版社,2003:16,21.
② 张建伟.刑事司法:多元价值与制度配置[M].北京:人民法院出版社,2003:61.

明标准是指卸除证明责任必须达到的范围或程度,它是证据必须在事实审理者头脑中形成的确定性或盖然性的尺度,是负担证明责任的当事人在有权赢得诉讼之前必须运用证据说服事实审理者的标准,或是他为获得有利于己的认定而对某个争议事实进行证明所应达到的标准。"[1]在我国,刑事诉讼中的证明标准通常指法律规定的认定犯罪嫌疑人、被告人犯罪所要达到的程度。[2]我国自1979年在《刑事诉讼法》中首次明确的"案件事实清楚,证据确实、充分"的刑事证明标准实际上是一种客观化的证明标准,也即裁判者在认定某一案件事实是否成立时,需要达到某一外在的证明目标或证明要求。至于举证方要在多大程度上说服裁判者,裁判者对这种案件事实形成多大程度的内心确信,法律则不作明确的要求。[3]在这其中的"事实清楚"要求办案人员应对此案如何定罪、如何量刑的相关事实已经查证清晰;"证据充分"要求可以证明此案实际情况的材料达到一定的数量以保证足够,"证据确实"要求确保已收集的证据材料的质量良好,符合法定的证据标准及对案件事实具有相应的证明力。可以说,此种客观化证明标准的设计初衷固然是为了抵制责任主体的主观任意性,但实际上,判断某一材料是否具备证据能力及其是否具有证明力仍需要归依于主体人员的主观判断,而这种客观化的表述因忽视了裁判者的主观能动确信,反倒让责任主体在刑事司法实践中随意发挥"想象力",由此成为刑事错案生成的导火索。有鉴于此,2010年最高人民法院率先将"排除合理怀疑"的标准引入到我国司法解释之中,并将其作为法院在裁判死刑案件时判断案件是否达到"证据确实、充分"的标准之一。[4]2012年修改后的

---

[1] 卞建林,张璐.我国刑事证明标准的理解与适用[J].法律适用,2014(3):16.
[2] 陈光中.刑事诉讼法[M].北京:北京大学出版社,高等教育出版社,2013:178.
[3] 陈瑞华.刑事证明标准中主客观要素的关系[J].中国法学,2014(3):177.
[4] 张军.刑事证据规则理解与适用[M].北京:法律出版社,2010:254.

《刑事诉讼法》不仅明确了"证据确实、充分"的判断条件[①],并在其中将"排除合理怀疑"全面纳入到证明标准之中,由此显现出在以往客观化证明标准的基础之上注入了主观性要素。[②]

然而,虽然我国在立法中明确了"排除合理怀疑"的证明标准,但是却对侦查终结、移送起诉、判决有罪的证明标准采用统一的一元化模式,这是有违诉讼认知规律的方式。因为刑事诉讼是一个层层递进,由"查明事实"到"证明事实"不断探寻真相的过程,是一个需要经过侦查机关收集证据、检察机关审查完善证据之后在法庭上予以展示,并经裁判者判断论证的过程。如果要求侦查机关对于证据的把握与审判标准一致,那么就可能会导致警力全部集中于某个个案办理之上而严重影响侦查效率,而检察机关的审查起诉过程实际上是对侦查环节更进一步的深化与延续,在这其中很容易受到"紧盯"犯罪查证的思维局限性的束缚,所以,亦无法对其采取过高的证明标准要求。而当案件进入到审判环节,则意味着已从案件事实查明向案件事实证明的跨越,此时才应要求裁判者判断某人是否构成犯罪要达到最高的证明标准。所以,我国立法可尝试在不同的诉讼阶段设置不同的证明标准,待发展成熟之时,再根据不同的证明对象、不同的证明主体等多方面细化具体的证明标准,以达到证明标准可操作性强、便于掌握与适用的目的。其中,侦查终结移送审查起诉时只要符合某人有可能被定罪的证明标准即可,检察机关经过审查之后准备提起公诉时要符合足以认定某人有罪的证明标准,审判机关若要对被告人判决有罪,则应达到证明标准"金字塔"塔尖的"确信无疑"的高度,有学者认为按照百分比计算,应达到95%以上的可能性。如果侦查、检察、审判阶段中的任何一个阶段未能达到各自阶段证明标准的要求,则应按照无罪推定原则的要

---

① 我国《刑事诉讼法》第五十五条规定:"证据确实、充分,应当符合以下条件:(一)定罪量刑的事实都有证据证明;(二)据以定案的证据均经法定程序查证属实;(三)综合全案证据,对所认定事实已排除合理怀疑。"刘志伟,魏昌东,吴江. 刑事诉讼法一本通[M]. 北京:法律出版社,2018:116.
② 杨宇冠,郭旭. "排除合理怀疑"证明标准在中国适用问题探讨[J]. 法律科学(西北政法大学学报),2015(1):159.

求作出疑罪从无的决断。应当说，只有坚持以法律规定的"证据确实、充分"作为准绳，运用"次优选择"①破除"疑罪从有""疑罪从轻""疑罪从挂"等错误理念，才能在面对"疑罪"时持有宁可错放、"不可错押""不可错捕""不可错诉""不可错判"的正确理性思维方式，对不符合证据标准的案件在侦查环节不会强行为之，在检察环节不能轻易为之，在审判环节不可随意下判。

三、完善刑事证据规则体系

证据裁判原则，又称证据裁判主义，是现代法治国家刑事诉讼中认定犯罪事实时必须遵循的核心原则，是现代证据制度的基石。②在我国，证据裁判原则是指在诉讼过程中若要认定案件事实必须要有相应的证据作为支撑，而且最终得以采信的证据必须是真实合法的证据，如果证据不足则不得对案件事实作出认定，通过非法手段取得证据应当予以排除。该原则的核心内容有四：其一，对案件事实的认定只能依靠证据。这与刑事诉讼活动认知的对象是已发生的案件事实，案件事实的认知过程乃回溯性的证明过程密切相关，加之办案人员并非案件事实过程的亲历者，若要对案情作出判断，除了依靠证据再无其他媒介，所以只有根据证据材料反映出的一系列信息还原案件本真并由此作出相应判断。其二，作为据以定罪的证据应具有证据能力。虽然了解案件事实情况要以在案证据材料为依据，但并非所有的材料都能成为最后定案的根据，只有那些符合法定证据标准、

---

① 所谓次优选择，是指1956年经济学家理查德·李普西和凯尔文·兰卡斯特创立的次优理论。1897年，意大利经济学家帕累托在研究资源配置时，提出了一个最优状态标准，人们称为"帕累托最优（效率）"。主要内容包括，在某种既定的资源配置状态，任何改变都不可能使至少一个人的状况变好，而又不使任何人状况变坏，否则就不是帕累托最优，而是帕累托改进，这就是次优选择理论的产生。也即"两利相权取其重，两害相权取其轻"，择优限劣，力争把弊和害控制得相对小一些。樊崇义.论刑事检控思维[J].中国刑事法杂志,2015（4）：9.
② 张佳华.论以审判为中心背景下证据裁判原则精神的延展[J].山东警察学院学报,2017（3）：63.

具备证据资格的证据才是可为我们所用的证据。所以，若要切实贯彻证据裁判原则，首先需判断证据是否具备证据能力，在判断的过程中，应至少考察"非法证据排除规则""传闻证据排除规则""相关性规则""意见证据规则"这四方面规则（下文做详细介绍）。其三，作为据以定罪的证据应具有证明力。在判断某一证据能否作为认定案件事实的依据时，除了要考察其是否具有证据能力以外，还须对其是否具有证明力进行判断，也即该证据证明案件事实的强度大小与效力强弱。对证明力的判断需要破除"口供中心主义"，遵循"补强证据规则"（下文做详细介绍）。其四，作为据以定罪的证据，须经法庭调查核实。也就是说，证据成为定案根据的前提条件是必须经过查证属实，只有属实才可依此定案，而对证据的核实查证，仍需依靠前述的五个基本规则。总而言之，在刑事司法领域，证据裁判原则是使司法活动向理性化演进的重要标志，其将认定案件事实建立在合法有效的证据的基础之上，使得民众对于建立在证据基础之上的司法裁判充满了信心。故笔者认为，在证据裁判原则的引领下，建构较为完善的刑事证据规则体系，至少应包含以下五方面基本内容：

（一）落实并不断完善非法证据排除规则

1914年美国联邦最高法院在审理威克斯诉美国案中首次确立了非法证据排除规则，其以判例的方式明确了凡是以非法搜查、非法扣押的方式获取的实物证据均不具有可采性，这就相当于承认了该项证据规则的宪法地位。各国制定的非法证据排除规则，基本上都是以美国的制度为原型。[1]在西方国家，非法证据排除规则是指违反法定程序，以非法方法获取的证据，不具有证据能力，不能为法庭所采纳。[2]在我国，虽然非法证据排除规则起步较晚，但是发展迅速，建立健全完善的非法证据排除规则可以有效控制错案生成。2010年发布的"两个证据规定"是我国正式确立非法证据排除规则的重要标志。2012年《刑事诉讼法》为解决刑事司法实践

---

[1] 戴长林，罗国良，刘静坤. 中国非法证据排除制度——原理·案例·适用[M]. 北京：法律出版社，2017：40.
[2] 陈光中. 证据法学[M]. 北京：法律出版社，2013：267.

中可能存在的非法取证问题，在吸收、结合"两个证据规定"主要内容的基础之上，确立了较为完整系统的非法证据排除规则。2017年6月，两高三部联合发布《关于办理刑事案件严格排除非法证据若干问题的规定》，对于非法证据排除规则从实体与程序两方面均进行了严格的规范，并在该规则的具体适用上进行八方面的制度创新。程瑞华教授将其称为"八大亮点"，分别为：将"威胁""非法拘禁"纳入非法证据排除规则的适用对象；初步确立了重复性供述的排除规则；强化了律师的辩护权；确立了检察机关在审判前程序中对非法证据排除程序的主导权；确立了庭前会议的初步审查功能；重申了先行调查原则，强调程序性审查的优先性；确立了当庭裁决原则；完善了二审法院对非法证据排除问题的裁决方式。应当说，我国立法机关、司法机关对于非法证据排除规则均投入大量精力进行精心设计，理论界也对此予以多番论证与深入研究。但是，在实际操作过程中，排除效果并不十分理想。有学者在考察我国西部某省法院系统5个中级法院及其辖区基层法院2013年1—8月份的非法证据排除规则的适用情况时，发现法院主动启动程序的案件占全部案件的0.31%；申请排除非法证据的案件中，启动证据合法性调查程序的案件占43.55%；启动证据合法性调查程序的案件中，最终排除了非法证据的案件数占启动数量的25.93%。最终决定排除非法证据的案件占全部案件的0.08%。[1]基于此，笔者认为，落实并不断完善该规则应主要从三方面做出努力：其一，深刻认识非法证据排除规则的排除基点与核心价值。该规则以证据能力作为排除基点，避免用证明力代替证据能力。其作为一项法律制度，核心在于对人权的司法保障，只有通过严格适用非法证据排除规则，才有使非法取证行为再无"用武之地"，并且让办案人员明白其通过非法方法获取的证据不仅会被"无情"地排除，其自身更易受到严厉的制裁。其二，可尝试建立确保非法证据排除得到切实落实的相关配套制度。比如在美国，西雅图警察局建立了一个内部独立机构，即职业责任办公室，该办公室负责受理和调查针对警察不当行为的控告，以建立警察和其服务对象之间的信任关

---

[1] 孙长永,王彪.审判阶段非法证据排除问题实证考察[J].现代法学,2014(1):73.

系。法官和检察官在诉讼过程中如果发现警察有严重的执法不当行为，可告知职业责任办公室，从而启动对警察的调查。非法证据排除程序与警察的投诉程序可能同时进行。对于哪些行为属于警察的不当行为，有非常具体的规定。如果警察有不诚信的历史，就不应上庭作证，他也不应当再为警察局工作。[1]其三，应确立嫌疑人、被告人在非法证据排除规则适用方面针对诉权制约与救济权等方面的保障机制。一方面要通过强化检察机关举证的方式以落实对非法证据的证明责任，可适当减少嫌疑人、被告人证明自己何时何地被何人刑讯逼供的证明责任；另一方面应充分发挥庭前会议的作用以及完善庭审阶段对于被告人权利救济申请的司法程序，从而确保非法证据排除规则得到有效落实，并成为刑事错案治理的重要方面。

（二）确立并不断完善传闻证据排除规则

传闻证据规则是英美证据法体系中最具有特色的规则之一，西方法治国家基本均在其证据立法之中对传闻证据排除规则加以规定。比如，美国《联邦证据规则》规则802："传闻证据，除本法或联邦最高法院依法定授权制定的其他规则或国会立法另有规定外，不予采纳。"澳大利亚《1995年证据法典》第59条："不得采纳他人先前陈述的证据，以证明该人陈述所宣称的事实。"

所谓传闻证据是指法庭上的证人所转述的其在法庭之外听见的或看见的其他人所作出的陈述，这一陈述可以是语言也可以是非语言行为，并且这一陈述被用来证明其包含事实的真实性。[2]传闻证据之所以要被排除适用，一是因为传闻证据的客观性、真实性较弱，为防止陪审团接触不适当的证据影响事实认定，应当将其排除于法庭之外；二是因为传闻证据的使用使得证据的原始性无法显现于法庭，当事人无法直接面对证人、

---

[1] 熊秋红. 美国非法证据排除规则的实践及对我国的启示[J]. 政法论坛, 2015（3）：147-148.

[2] 陈卫东. 直接言词原则：以审判为中心的逻辑展开与实现路径[J]. 法学论坛, 2022（6）：85.

鉴定人，其当庭质证、进行交叉询问的机会被剥夺。[1]我国2012年《刑事诉讼法》规定了证人与鉴定人出庭作证的条件，主要目的在于通过强制证人出庭的方式以保障被告人能够实现质证权。但在实际的刑事司法实践中，证人不出庭基本为常态，证人出庭率还达不到5%。[2]2017年2月，最高人民法院出台的《关于全面推进以审判为中心的刑事诉讼制度改革的实施意见》，针对证人、鉴定人出庭作证率较低的问题，采取了系列措施。一是明确必须要出庭的范围。即只要具备了对证人证言有异议和人民法院认为证人证言对案件定罪量刑有重大影响这两个条件，就视为"有必要出庭"，法院不能再以"认为没有必要"为由不予通知。二是明确对证人、鉴定人出庭作证的保障机制。即如果证人、鉴定人、被害人因出庭作证可能给本人或其近亲属带来人身危险的，法院就应当采取不公开真实姓名等一系列保护措施。同时，针对出庭作证所产生的食宿费用，法院应予以相应补助。地方法院在这方面亦进行了有益的积极探索。如温州市中级人民法院积极创新证人出庭作证的方式，设置远程作证时的硬件措施，并试行了远程视频作证、遮蔽容貌、不公开信息等证人出庭作证的方式。成都市中级人民法院建设刑事案件远程视频开庭系统，并在庭审中对证人采取隔离变音作证，判决书中不披露证人真实身份信息等技术性的保护措施。福建惠安县法院探索提出人身保护令、出庭强制令、证人宣誓等作证的方式。三是明确传闻证据排除规则。即证人如果没有出庭作证，其在开庭之前所出具的证言的真实性无法得到确证的，法院不应将其作为据以定案的证据。然而，此规则的确立与严格、细化具有可操作性的传闻证据排除规则仍有一定的距离，有待更进一步地完善与强化。具体而言，可在三方面做出努力：其一，应当在刑事诉讼法中对传闻证据排除规则作出一般原则性规定，明确传闻证据的适用范围。比如在日本，传闻证据法则不适用简

---

[1] 陈卫东. 直接言词原则：以审判为中心的逻辑展开与实现路径[J]. 法学论坛，2022（6）：85.
[2] 陈光中. 证据法学[M]. 北京：法律出版社，2013：259.

易审判程序、简易程序和交通即决裁判程序。[1]因当事人无争执、且案件轻微，为谋求减轻诉讼关系人之负担及增进法院审理案件之效率，在规定原则的基础之上再设定适当的例外。比如证人因客观原因无法出庭作证、先前陈述、特定文书、法官自由裁量等的例外。其二，为鼓励证人出庭作证，可尽量减少用刑法中伪证罪的严苛处罚对相关人员进行制约，而应进一步探索确保证人、鉴定人出庭证词真实性的保障机制。其三，还应更进一步完善对证人、鉴定人等出庭作证的保护措施与经济补偿制度。

（三）确立并不断完善相关性规则

相关性规则，又称之为关联性原则，其在英美法系国家的证据法中被誉为能够起到良好规范证据能力的"黄金规则"。虽然有的学者根据真实的程度将事实的相关性区分为规范证明力的相关性和规范证明能力的相关性两种，但从英美法系相关法律对该规则的规定来看，英美法系对于相关性规则的考量主要是从证据能力的角度出发，要求法官对某项证据在采纳时应当遵循事物之间的逻辑关系或者经验关系，以此避免采信并不具有相关性的证据。而大陆法系国家对于相关性规则的考量则主要是从证明力的角度出发，要求法官在对证据进行评判的基础之上形成心证的过程中，为了防止出现评价证据随意性的问题，应按照事物之间的严谨逻辑或者经验关系进行思考。在我国，根据证据裁判原则的要求，首先要求证据符合相关性的资格要求，在纳入裁判者的评判范围之后，再由裁判者判断该证据对待证事实的证明力大小。那么，规范证明能力的相关性规则更应得到重视与有效运用。然而，我国《刑事诉讼法》中却并无相关性规则的身影，仅在相关司法解释中有所体现。比如2021年《最高人民法院关于适用〈中华人民共和国刑事诉讼法〉的解释》中规定，在判断证据的证明力时，应当根据具体情况，从这一证据与案件事实情况的关联程度、证据与证据之间的相互联系等方面进行审查与判断。应当看到，如果法官对于证据的评判缺乏相关性规则的考量，将会增大刑事错案发生的概率。那么，为有效

---

[1] 土本武司. 日本刑事诉讼法要义[M]. 董璠舆, 宋英辉, 译. 台北: 台湾五南图书出版有限公司, 1997: 349.

治理错案，就不能忽视相关性证据规则。其一，可适当借鉴英美法系国家对于部分特殊证据的相关性立法规定，并在我国刑事立法中从规制证据资格的角度明确相关性规则。其二，在我国庭审证明得到实质化推进的前提下，还应以质证程序为核心，借助交叉询问程序，挖掘证据与待证事实之间的关系，以确定证据的证明力。其三，需要注意的是，对于证明力层面的相关性判断，立法的规范能力确实是十分有限的，应该交由法官去具体判断。[①]

（四）确立并不断完善意见证据规则

意见证据规则是英美证据法上的一般原则。英美法系国家将证人区分为普通证人（外行证人）与专业证人（专家证人），意见证据规则的主要适用对象是外行证人，也就是说，外行证人如果不是就其所知道的事实提供证言，而是陈述意见、推论或者结论的话，就违反了意见证据规则。[②]需要明确的是，虽然该规则与传闻证据排除规则的相同之处在于二者均将证人所作的证言作为适用对象，但二者在适用时的侧重点有所不同。其中，传闻证据排除规则是对证人证言进行形式上的约束，要求亲自接触案件、感知案情之人必须在庭审活动中提供证言，而意见证据规则是对证人证言进行内容上的约束，要求证人在提供证言时，必须以自己亲身感知的事实作出陈述，而不能凭自己的"认为""感觉""可能"进行似是而非的推论。所以，在两个规则的具体适用顺序上，一般应先适用传闻证据规则，对证人证言进行形式上的筛选过滤，之后再用意见证据规则判断证人所作证言应否得到排除。我国因受到大陆法系审判模式的影响，未对意见证据排除规则给予足够的重视与深入的分析，仅仅是零星、散落地出现在刑事、民事或行政诉讼的某些规定之中。这就使得因缺乏法律强制力及明确的适用标准，导致实践中法官自由裁量权较大，对证言随意认定或否定的状况频发，由此出现案件事实判断错误以致错案产生。那么，当务

[①] 杨波. 审判中心主义视域下刑事冤错案防范机制研究[J]. 当代法学, 2017 (5): 139.

[②] 张保生. 证据法学[M]. 北京: 中国政法大学出版社, 2014: 289.

之急就是应当在刑事立法中明确意见证据排除规则的一般适用范围与例外情况。就其例外而言，一是专业证人即鉴定人证言的例外。因其具有专家身份，并基于自身的专业知识与业务技能对事实作出了自己的判断，所以该陈述在一定程度上有助于法官认知案件事实。但也仅是说，专业证人的证言具有可采性，而不代表法官必须要予以采纳，只是将其作为一种"参照"而已；二是可参考有关于普通证人意见例外的规定。比如，我国台湾地区学者对此有所归纳：（1）同时察觉的事实；（2）接续察觉的事实；（3）总括式陈述；（4）印象之陈述；（5）视同专家的意见陈述；（6）品格的意见陈述。

（五）确立并不断完善补强证据规则

根据证据裁判原则的要求，不仅需要对证据进行证据资格的审查与判断，而且通过第一道证据资格关口考验的证据，还需经历证明力第二道关口的审查，如符合要求才能据此作为裁判的依据。在审查证据是否具有证明力时应遵循补强证据规则的相关要求。所谓补强证据规则，是指某一证据因在证据形式或者证据资格上存在某些瑕疵，无法单独证实案件事实，需要其他证据对该证据予以佐证、补充，从而补强该证据的证据价值或证明其具有真实性，由此才能作为认定案件事实的依据。[1]就一般情况而言，该规则主要适用于对被告人口供的进一步确证，也即一个案件的证据若仅有口供而无其他，是不能据此判定被告人有罪的。我国《刑事诉讼法》第五十五条规定，"对一切案件的判处都要重证据，重调查研究，不轻信口供。只有被告人供述，没有其他证据的，不能认定被告人有罪和处以刑罚；没有被告人供述，证据确实、充分的，可以认定被告人有罪和处以刑罚。"[2]力图通过该规则的有效运用，不仅可对法官运用自由裁量权采信证据设定底线要求，提醒裁判者不能仅凭口供定案，而且还可为引导被告人及其辩护人的举证及辩护指明了方向。应当说，刑事错案的产生既有偶然因素的作用，也有必然因素的蕴含，在多重复杂因素的共同影

---

[1] 陈光中.证据法学[M].北京：法律出版社，2013：275.
[2] 樊崇义.《刑事诉讼法》再修改的理性思考（下）[J].法学杂志，2008（2）：42.

响之下，其中办案人员对于口供的过于依赖是产生刑事错案的关键因素。在侦查阶段，侦查人员的侦查活动基本全部围绕口供进行，"由供到证"几乎属于常态的侦查模式；在审查起诉与审判阶段，检察员与法官重视口供，而轻视审查其他证据，漠视辩护人合理辩护意见的情况也时有发生。这就可以看到，"口供中心主义"基本贯穿于各个刑事诉讼阶段并对错案的出现起到直接的推动作用。所以，为破除"口供中心主义"的壁垒，在证据裁判原则的指导之下，应当确立并不断完善补强证据规则的适用。具体可在三方面做出努力：其一，完善刑事立法对于补强证据规则的规定。口供补强规则作为一种对证据信息的解读方法，本质上是以人作为主体进行适用的规则，这就注定围绕嫌疑人的所有口供信息必须展现出一种意义价值。倘若嫌疑人到案前精密串供或者供述中将某些无意识的遗留痕迹作为口供的解密方法，误判风险就会剧增。[①]故应进一步明确补强证据的范围。比如，要求补强证据本身须具备证据能力；补强证据应与口供具有实质性的区别，警方出具的"情况说明"等证明材料或是记载口供内容的讯问笔录等均不属于补强证据；嫌疑人、被告人在非法定场所作出的供述，若无其他有效附加证据，则不能单独作为对口供的补强证据使用等。其二，由"口供中心主义"向"物证中心主义"方向迈进。关于如何重视口供以外的证据的收集，破除口供中心主义的侦查取证模式，笔者将在下文"依法侦查取证"中作详细论述。其三，强化客观性证据审查模式的运用。一是审查客观性证据的真实性、合法性、关联性。因客观性证据一般属于间接证据，虽然证据本身具有客观性，但其收集、固定及保管等环节可能会出现差错，所以对于客观性证据应着重审查其来源是否合法，防止"带病"证据进入证明系统。经过依法查证属实的客观性证据的证明力优先于主观性证据，可作为最佳证据使用。二是运用客观性证据审查主观性证据的真实性。将客观性证据作为联系犯罪主体与犯罪客观方面的桥梁，用一系列客观性证据之间的彼此相连以此印证、判断主观性证据是否真

[①] 李育林. 对口供补强规则运用逻辑的再思考——以防范虚假补强风险为切入点[J]. 西南政法大学学报, 2022（3）: 140.

实，用主观性证据作为多个客观性证据彼此相连的纽带以此建立、构筑相对完整的间接证据系统。三是强化依托犯罪现场重建的方法挖掘和运用客观性证据。通过犯罪现场重建检验案件事实认定的准确性；通过犯罪现场重建，发现案件证据的薄弱环节并加以补强。[①]

[①] 樊崇义, 等. 底线: 刑事错案防范标准[M]. 北京: 中国政法大学出版社, 2015: 103-104.

第五章 "以审判为中心"是全面推进错案治理之核心所在

应当说，在总线引领之下的制度构建是使制度得以良好运行的重要前置。党的十八届四中全会提出"推进以审判为中心的诉讼制度改革"，即属于遏制"冤假错案"的国家顶层制度设计，这极为有效地解决了刑事错案制度治理战略性思维的难题，为如何有效治理错案指明了制度方向。2016年6月通过的《关于推进以审判为中心的刑事诉讼制度改革的意见》对如何更好地落实"以审判为中心的诉讼制度改革"具有极为重要的推进意义。基于对中央文件及现行法律规定的理解，笔者认为，"以审判为中心"的内涵主要有三：一是"以审判为中心"中的"审判"不是指代法院，而是审判活动，表明对某人是否有罪或罪轻罪重的判断只能通过法院的审判活动作出。二是"以审判为中心"中的"中心"应以被追诉人权利保障为重心。审判不是法官的独角戏，也不是公检法三机关的强势配合。区别于行政治罪模式，审判是通过被告人及其辩护人的有效参与，为被告人提供司法的救济和保障。[①]那么，从侦查这一刑事诉讼源头开始，即要严格按照法律规定规范执法行为，全面收集审查证据，防止案件"带病"进入审判程序，审判阶段严格贯彻证据裁判原则，充分发挥庭审实质化作用，从而全方位地提高人权司法保障水平。三是"以审判为中心"并未对检察机关的诉讼监督予以否定，更没有改变国家法律确定的职权配置格局。

[①] 闵春雷.以审判为中心：内涵解读及实现路径[J].法律科学（西北政法大学学报），2015（3）：37.

一、夯实侦查基础工作

党的十八届四中全会《决定》明确指出，"全面贯彻证据裁判规则，严格依法收集、固定、保存、审查、运用证据"[①]。侦查不仅是刑事诉讼的第一道关口，也是最先接触证据的关键诉讼阶段。毫不夸张地说，刑事司法是否公正，首先始于侦查，如若侦查阶段已突破公正底线，正义之坝决堤，那么我们将无法期待这个案件能够获得公正的处理结果。"以审判为中心"的刑事诉讼制度改革要求公检法三机关围绕法庭审判进行执法办案活动，侦查与审查起诉的工作实效需要接受法庭审理的检验。那么，侦查人员应当"切实转变侦查办案方式，坚持以收集证据作为侦查活动的中心，以为起诉、审判提供证据作为侦查活动的基本要求，在证据规格和标准上把'破案'与'庭审'的要求结合起来。同时，必须不断减少对口供的过分依赖，使侦查工作进一步向精细化、专业化和规范化转变"[②]。

（一）确立以客观性证据为主的侦查取证模式

笔者在分析错案产生原因时发现，几乎每一件错案均存在侦查机关过于重视嫌疑人口供，忽视对客观性证据的收集，采取"由供到证"侦查模式的问题，使嫌疑人口供与案件情节基本吻合，与物证等其他证据形成较好的"印证"关系，这对于案件侦破工作带来巨大的风险与隐患。在推进"以审判为中心"的刑事诉讼制度改革的大背景之下，对公安机关采集证据的标准与要求也将越发地严格与规范，有鉴于此，应当树立以客观性证据为主的侦查思维模式，加快实现从"由供到证"向"由证到供""以证促供""供证结合"的模式转变，弱化口供对案件侦查的决定作用。

其一，完善鉴定制度。首先，强化对鉴定机构隶属关系的探索。首先，可适当增加部分中立的鉴定机构参与刑事鉴定活动，并可选取特定案件，允许当事人及其辩护人在中立鉴定机构之中进行选择，从而赋予当事

[①] 中共中央关于全面推进依法治国若干重大问题的决定[N]. 人民日报, 2014-10-29（1）.

[②] 游伟."铁案"一定要用合法证据来说话[N]. 上海法治报, 2016-06-07（B07）.

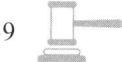

人在鉴定活动中更多的权利。其次,强化对鉴定意见的司法审查。有学者认为,在法庭审理案件之前,应当先对鉴定意见进行科学性的实质审查,但是,笔者认为,对于鉴定意见的实质审查是需要由专业人员进行的,而法官对于专业鉴定知识并不了解,如让其对鉴定意见进行审查,不仅会给法官增加许多额外的负担,同时也会将审查演变为形式性的"走过场",起不到应有的约束作用。故为了强化对鉴定意见的审查,增加该证据的可靠性,可通过鉴定人出庭释明、专家辅助人出庭质证等方式排除错误的鉴定意见,防止刑事错案的出现。最后,强化对鉴定质量的监督。我国可设立独立于公安系统的具有中立地位的第三方刑事鉴定监督机构,由该机构定期对鉴定意见进行抽样检测,根据检测结果对出错率较高的鉴定机构、鉴定项目或鉴定人进行个案监督。

其二,规范辨认规则。辨认是运用较为广泛的一种刑事侦查手段,通过设置科学合理的辨认规则可以对正确辨认起到程序保障作用。然而,在规则实际操作过程中,存在诸多不规范之处,为错案产生留有隐患,故有必要进行明确与强调。1999年,美国司法机构出台了《法律执行指南》,进一步规范了目击证人指认规则。[1]随后,美国逐步确立了"双盲辨认"的刑事侦查辨认规则。所谓"双盲辨认",是指组织辨认的工作人员中不包含侦查该案的人员,这些组织人员并不知晓谁是犯罪嫌疑人。通过这样的方式确保组织人不会对辨认人进行或明或暗的提示,以提升辨认的真实性。这种辨认规则虽较为合理,但与我国警力匮乏的现状存在一定矛盾,基于此,可通过确立试点单位的方式,针对特别重大案件先行适用,以观实际运行效果。除此之外,目击证人需要被明确告知嫌疑人可能不在辨认队列或者照片中,因此他们不必一定要从队列或照片中作出选择;辨认必须要遵循混杂辨认的规则,而且嫌疑人应与其他混杂的被辨认者有较高的相似性;对于辨认过程,有条件的地方可以对整个辨认过程录音录像。[2]

其三,严格规制"狱侦耳目"。1991年《公安部、财政部关于印发

---

[1] 刘宪权. 美国四步构建刑事错案防控与问责[N]. 法制日报, 2013-4-23(10).
[2] 王守安,董坤. 美国错案防治的多重机制[J]. 法学, 2014(4): 136.

〈公安业务费开支范围和管理办法的规定〉的通知》中对特情耳目费作出规定，表明国家对侦查机关采用"狱侦耳目"特殊侦查方式的间接肯定。但当时侧重于打击犯罪，导致"狱侦耳目"极易被滥用，并成为刑事错案的温床。应当说，滥用"狱侦耳目"可能会影响对人权的基本保障与对司法公正的良好维护。所以，一方面，应出台相关立法，明确"狱侦耳目"的用途仅为维持监管秩序，慎用或不用"狱侦耳目"这种侦查方式，如必须采用，则应明确只有在正常侦查措施确实无法查明案件事实的情况下，才可使用"狱侦耳目"这一特殊侦查手段，同时对侦查人员错误使用"狱侦耳目"造成不利后果进行相应的责任追究；规定特情人员应满足的条件，如其应具备一定文化水平与认知能力，具备发现犯罪者的条件，主观恶性较小，等等。另一方面，应强化司法机关对于通过"狱侦耳目"获取证据的审查与判断。根据司法经验判断证人是否为"狱侦耳目"，若是，则需慎重研究犯罪嫌疑人口供与"狱侦耳目"证词的关联，……因该证词是间接获得，属于言词证据、传来证据，对证词证明力的判断也必须谨慎认定。[1]

（二）加强对侦查取证行为的规范

侦查行为是否规范、侦查是否严格按照法定程序进行，不仅是确保案件质量的前提与保障，更是对嫌疑人权益进行保护的应有之义。侦查作为刑事诉讼的基础环节，应当在正当程序理念指导之下严格按照相关法律规范执法办案，确保所办案件符合公正司法的具体要求。

其一，保障律师在侦查阶段的取证权与在场权。实际上，辩护律师不仅是确保刑事案件得到公正合理处理应当依靠的重要力量，而且也是防范刑事错案出现应当依赖的关键力量。侦查机关在对嫌疑人实施取证手段时，监督机制一般处于相对"弱控"的状态是刑事错案出现的基础原因，而办案人员有罪推定思想的根深蒂固则一时难以扭转。所以，律师介入到侦查阶段的作用主要是强化对侦查活动的监督与约束，并且能够保证证明嫌疑人无罪的证据及时被侦查机关所掌握与了解。一方面，应完善侦查阶

---

[1]闫斌.论"狱侦耳目"制度被滥用的危害及对策[J].政法论丛，2013（6）：119.

段的律师调查取证权。虽然我国2012年《刑事诉讼法》明确了律师在侦查阶段的辩护人身份，也对其赋予了一定的权利，但其能够发挥申请取证及自行取证的作用微乎其微，这样将不利于对被追诉人在最初取证环节中的权利保护。应当说，对于律师侦查阶段调查取证权益的保障，可以促使律师更加积极主动、准确高效地为嫌疑人提供法律服务。在其享有调查取证权时，可避免在强大公权力震慑之下，被追诉人因无法提供利于自身的证据而导致错案的出现，而且，律师及时收集的证明嫌疑人可能无罪、罪轻的证据，不仅是为嫌疑人申请变更强制措施的基础依据，也可为日后充分行使辩护权打下良好基础，以降低诉讼成本。另一方面，应确立侦查讯问阶段的律师在场权。伴随着辩护制度从以往的审判阶段向侦查阶段的不断延伸，促使律师的辩护内容不再局限于实体辩护，而是日益形成实体辩护与程序辩护并重的良好格局。为实现有效的程序性辩护，确立侦查讯问阶段的律师在场权极为必要。律师不仅可对侦查机关的讯问方式、讯问内容等进行监督，对于不当的讯问程序予以制止，而且有利于逐步转变侦查人员"由供到证"的取证模式，更加注重对于实物证据的依法规范收集、保全与使用。

其二，赋予被追诉人有限的沉默权。沉默权赋予了公民个体面对刑事指控时"选择是否协助政府证明自己有罪"的自由，体现着对人类尊严和人权的尊重，对确保认罪答辩自愿性起到了至关重要的作用。沉默权制度的构建解决了人们在控辩协商制度中最为关注和担心的认罪自愿性保障的问题。[1]为有效控制刑讯逼供等不当执法行为的产生，英美等国一般采取赋予被追诉人沉默权与全面推广录音录像制度的"'权利—权力'与'权力—权力'的双重制约机制"[2]。笔者认为，通过立法确立沉默权制度，能够彰显人权保障的现代法治思想，是贯彻无罪推定原则的应有之义与维护司法公正的现实需要。但是，若一味强调沉默权，也会给国家追诉犯罪

---

[1] 冀祥德. 习近平法治思想指导下的认罪认罚从宽制度[J]. 政法论坛, 2024（3）: 11.

[2] 唐亚南. 刑事错案产生的原因及防范对策[M]. 北京: 知识产权出版社, 2016: 132.

带来阻碍甚至会纵容犯罪。在利弊共存的情况下，可赋予被追诉人有限的沉默权，也即侦查机关对嫌疑人进行第一次讯问之前应以口头或者书面的形式告知其享有可以保持沉默的权利，并将告知内容记录在案由嫌疑人签字确认，警方未履行告知义务获取的供述应视为非法证据予以排除。被追诉人在讯问过程中应履行"真实陈述义务"，而非"如实回答义务"，以防止与"不得强迫自证其罪"原则相冲突。

其三，探索讯问场所与羁押场所分离机制。我国目前将羁押未决犯的看守所归属于公安机关管理，这虽在某种程度之上利于提升侦查效率，但却不利于对不当侦查手段进行监管。即便检察机关可对看守所行使法律监督权，然而，这种监督很容易沦为形式上的监督，并无实质意义。实际上，如果犯罪嫌疑人不能被羁押在一个相对中立的机构内，是很难防范侦查活动中侵害嫌疑人权益的情况出现的。一般情况下，西方国家在司法官员就羁押问题进行司法审查之前，嫌疑人被羁押在警察控制下的拘留所里；而在法官经过审查作出羁押决定之后，被告人则通常被羁押在监狱或其他不由警察、检察官控制的监禁场所里。[①]此种做法，可为我国看守所体制改革所借鉴。笔者认为，在目前体制之下，应更进一步加大监所检察工作力度，通过驻所检察官充分行使监督权以切实承担起保障嫌疑人权益的职责。从长远角度出发，如若将对未决犯的羁押场所与侦查机关相分离，使羁押场所摆脱侦查机关的控制，同时再禁止将犯罪嫌疑人带至侦查机关内设或指定的讯问场所进行讯问，将有利于防止侦查机关对于羁押场所的干预，确保讯问的实际效果与客观真实。

其四，强化全程录音录像制度。应当说，几乎每一起错案产生的背后均有不当侦查的影子，不当侦查是导致绝大多数刑事错案产生的罪魁祸首。传统讯问方式虽具有与外界隔离、阻断信息、排除干扰等优势，但也为不当取证行为留下了隐患。为确保口供的真实性，全面推广全程讯问录音录像是重要措施之一。应要求"讯问中的录音录像要保持同步、完整性和强制性，避免出现讯问中录音录像的死角和盲区。如果讯问中犯罪嫌疑

---

① 陈瑞华. 比较刑事诉讼法[M]. 北京：中国人民大学出版社，2010：307.

人的部分陈述没有被录下来，必须就该陈述的相关内容重新讯问，重新录音录像"[1]。从某种意义上说，对讯问进行全程录音录像的主要目的就是通过对侦查人员的讯问监督以尽可能地遏制不当侦查行为的出现，并成为切实维护犯罪嫌疑人合法权益的有力武器。为进一步完善全程录音录像制度，首先可强化相关法律规定。制定专门适用于公安机关侦查讯问全程录音录像的操作细则，在刑事立法暂时无法完善的情况下，可先行采用司法解释的方式对录音录像进行适当规范，待日后时机成熟时再补充到刑事诉讼法典中；参考最高人民检察院《讯问职务犯罪嫌疑人实行全程同步录音录像的规定（试行）》对侦查阶段讯问犯罪嫌疑人全程录音录像的制作、保管、使用、管理、责任等方面作出程序规定；考虑将录音录像列入法定证据类型之中，在其具有证据属性地位之后，利于真正发挥录音录像在刑事诉讼中的作用，解决录音录像与案卷不同步移送的实际问题。其次可完善制约监督机制。具体分为内部监督与外部监督两种。就内部监督而言，公安机关内部的法制部门在审核案件时，可对全程讯问录音录像进行重点审查与监督，一旦发现问题立即向上级分管领导汇报；选派与侦查人员不同部门的专门人员负责录制讯问录音录像，录制完成后由录制人员签字注明确属真实、完整的录音录像资料后交至专门保管部门进行存档；纪检监察部门切实发挥监督作用，确保控告、申诉渠道畅通无阻。就外部监督而言，一方面可探索建立律师在场制度；另一方面可强化检察机关对于录音录像的监督，由检察机关选派专门技术人员参与侦查讯问录音录像的录制与封存等工作，同时可将同步录音录像制度的实施情况纳入目前检察机关的考核体系中，制定出台科学、合理且具有良好导向作用的考评指标。[2]

（三）推动科技强侦

美国学者达马斯卡曾道："伴随着过去50年惊人的科学技术进步，新的事实确认方式已经开始在社会各个领域（包括司法领域）挑战传统的事

---

[1] 王守安,董坤.美国错案防治的多重机制[J].法学,2014（4）:136.
[2] 闵春雷,杨波,谢登科,贾志强.东北三省检察机关新刑诉法实施调研报告[J].国家检察官学院学报,2014（3）:45.

实认定法。越来越多对诉讼程序非常重要的事实现在只能通过高科技手段查明。"①随着时代的发展与犯罪手段越发隐蔽、新颖，促使侦查机关采用高科技侦查手段在收集、固定、保存证据等方面发挥的作用也越发地关键与重要，与之相伴产生的运用高科技手段取得的证据如何适用问题也引发多方关注。一方面，适时适用测谎结论。虽然我国《刑事诉讼法》中并无测谎相关规定，但测谎手段却在侦破工作中应用频繁。因此种侦查方式对确定嫌疑人、寻找相关证据能够起到重要的辅助作用，所以当侦查技术更为成熟且能够为社会公众所普遍信任时，可赋予其法定证据资格，让其能够成为适用于刑事诉讼的证据。与此同时，需要通过立法对测谎要求满足的技术规范、操作流程、测试方法等条件与标准进行统一的严格规定，以提升测谎结论的证据效力。不仅如此，因测谎是一项较为专业化的技术，需要测谎人员具备相应的心理学、医药学等多方面知识，所以应由具有测谎资质的专业人员担任测谎员。比如，在美国，测谎人员必须在专门的测谎学校中接受至少6个月的专业培训，而且要在专家指导下经过150例测谎后获得测谎专业证书，才可以单独从事测谎工作。②另一方面，完善DNA技术。可适当提高对DNA鉴定人的职业要求；强化DNA鉴定人入职及更新技术培训力度；政府加大资金投入力度，建立并发展DNA数据库。再者，进一步强化信息化资源的有效应用。比如，可建设集深度视频图像分析、数据挖掘、地图作战、人脸识别等于一体的视频图像侦查应用系统，推进"天网工程""雪亮工程"视频数据资源、内部数据整合和社会数据引进力度，建设警务云综合大数据平台系统，充分利用系统分析研判各类信息数据，服务于侦查破案，不断形成新的侦查破案增长点。③

---

① 米尔建·R. 达马斯卡. 漂移的证据法[M]. 李学军, 等, 译. 北京: 中国政法大学出版社, 2003: 200.
② 郭欣阳. 刑事错案评析[M]. 北京: 中国人民公安大学出版社, 2011: 151.
③ 乔宗楼. 审判中心下侦查工作之困境与路径[J]. 北京警察学院学报, 2017（4）: 24.

二、筑牢检察使命防线

检察机关作为我国的法律监督机关，不仅承担着各项刑事诉讼监督职能，而且负责公诉的检察机关还将全程参与刑事诉讼。其对于侦查机关而言是"法官之前的法官"，需依法履行批准逮捕、审查起诉等职责，对于审判机关而言又担负"法官裁判之把关者"角色，需正确行使举证质证等职责。可以说，"检察官乃刑事程序进展中决定性的过滤器。检察官扮演把关者角色，……乃透过诉讼分权机制，保障终局裁判之正确性和客观性"[1]。所以，检察机关无论是承担公诉职能还是法律监督职能，其能否秉持客观立场、践行客观义务，将对刑事错案的治理起到承上启下的关键性作用。虽然我国法律及相关的规范性文件并未明确将检察官的客观义务作为一项刑事诉讼的基本原则，但对证据合法性的证明、审查批捕与起诉时应听取辩护律师意见、对羁押必要性进行审查、对可能判处死刑案件坚持最为严格的证据标准、依法排除非法证据等方面的规定均体现了对于检察官客观审查义务的要求。

我国理论界关于检察官客观性义务的主要研究成果可以归结为以下几点：

一是研究检察官客观性义务的理论基础。比如，认为"赋予检察官以客观义务是检察官作为法律守护人或法律监督者的双重要求，也是由设立检察官制度的目的所决定的。同时，检察官作为国家与公共利益代表的主体地位和准司法官或司法官的身份、诉讼中平衡控辩实力的需要、检察官享有起诉裁量权等因素都决定了检察官应当负有客观义务"[2]。还有认为，"我国刑事诉讼法凸显了检查机关在刑事诉讼中的地位，但是作为操作者的检察官的地位却是隐而不显的"[3]。二是研究检察官客观性义务对于刑事诉讼整体结构可能会产生的影响。比如，认为检察官客观性义务的

---

[1] 林钰雄. 检察官论[M]. 北京：法律出版社，2008：12.
[2] 朱孝清. 检察官负有客观义务的缘由[J]. 国家检察官学院学报，2015（3）：14.
[3] 陈卫东，杜磊. 检察官客观义务的立法评析[J]. 国家检察官学院学报，2015（3）：39.

"根本价值是保障人权，核心价值是公正司法，程序价值是控辩平等，体制价值是法律监督。实现这些价值，对在刑事诉讼领域最大限度地预防和减少错案，践行'强化法律监督，维护公平正义'的检察工作主题，具有重要的现实意义"①。同时也有学者谨慎指出，"检察官作为控方当事人的角色与其作为司法官员的客观公正和中立性的矛盾，以及强化检察官客观义务所产生的关联效应，即由认可检察官优越地位，到强化职权主义的刑事诉讼构造，可能妨碍诉讼结构的平衡"②。三是研究检察官客观性义务的具体内容。有学者将检察官客观义务的内容归结为客观取证义务、中立审查责任、公正判决追求、定罪救济责任、诉讼关照义务、程序维护使命。③也有学者将其归结为客观证据义务、逮捕审查责任、客观追诉责任、定罪救济责任、监督与法律救济责任、诉讼关照义务以及正当程序义务。四是研究检察官客观性义务得以实现的评价标准。比如认为"被追诉人客观上无犯罪嫌疑，检察官违反客观义务而展开侦查和起诉的，其侦查和起诉行为应当归于无效。被追诉人客观上有犯罪嫌疑，则检察官即使违反客观义务，其侦查、起诉行为原则上仍然有效。如果检察官对明知是有罪之人却通过隐瞒、毁灭或者伪造证据等方式为其脱罪，作出不予追究刑事责任决定的，其诉讼行为无效。"④实际上，检察官客观性义务最初来源于德国，后来，英美法系国家逐渐认识到如将检察官归属于当事人方则易产生控辩不平衡的弊端，遂也对检察官客观性义务表示肯定，并被相关国际法律文件所采纳。因受到历史传统、文化背景、诉讼理念等方面的影响，各国会在检察官如何履行客观义务的制度设计与实现方式等方面存在一定程度的差异，但笔者认为，检察官客观义务落实的基点应是证据的收集与审查判断以及公诉活动。所以，从证据法学的角度出发定位检察官客

---

① 吴建雄.检察官客观义务的错案预防价值[J].法学评论，2011（1）：121.
② 龙宗智.检察官客观义务的基本矛盾及其应对[J].四川大学学报（哲学社会科学版），2014（4）：5.
③ 龙宗智.检察官客观义务论[M].北京：法律出版社，2014：118-124.
④ 万毅.检察官客观义务的解释与适用[J].国家检察官学院学报，2015（6）：46.

观义务更具有科学性。也即，检察官客观义务是指检察官在惩罚犯罪与保障人权、实体公正与程序公正并重的刑事司法理念指导之下，以客观公正的立场与态度依法履行其职责的义务。具体表现有三：一是应客观公正地收集证据，在检察机关自侦案件中，检察官不仅要收集指控嫌疑人有罪、罪重的证据，而且还应收集有利于嫌疑人的无罪、罪轻证据，同时重视辩护方提交的有利于嫌疑人的证据或材料；二是应客观公正地审查起诉，不仅对符合起诉要求的嫌疑人依法及时提起公诉，而且还要注意对于不符合起诉条件的嫌疑人及时作出不起诉或者撤销案件的决定；三是应客观公正地追求判决，不仅对符合犯罪构成要件的案件追求作出正确的有罪判决，同时也要对有利于被告人的事实情节与量刑因素主动予以考虑，一旦在事实认定、证据分析或适用法律方面发生变化，应及时调整公诉思路与控诉立场，保障最终判决的正确性；除此之外，对于辩护方提供的证明被告人可能无罪或者罪轻的证据也应积极予以查证核实，并提出相应的量刑建议。近年来，在重大刑事错案相继被披露之后，作为"法律守护人"的检察机关如何通过履行客观义务实现对刑事错案的治理，不仅是理论问题，更是较为紧迫的现实问题，有待详细分析。

（一）严把逮捕关

逮捕作为我国最为严厉的刑事强制措施，一旦对嫌疑人批准逮捕则意味着将对其进行长时间的羁押，如果批准逮捕不当，则会严重侵犯被羁押人的人身权利。从刑事司法实践与已被纠正的刑事错案来看，检察机关审查批捕的质量与案件最终处理结果具有直接的关联性，所以必须审慎对待。

其一，正确理解"有证据证明有犯罪事实"。根据《人民检察院刑事诉讼规则》及《公安机关办理刑事案件程序规定》，"有证据证明有犯罪事实"需要同时具备"有证据证明发生了犯罪事实""有证据证明该犯罪事实是犯罪嫌疑人实施的""证明犯罪嫌疑人实施犯罪行为的证据已有查证属实的"三项条件。针对第一项条件，不要求对所有的犯罪事实均已查清，只要有已查证属实的证据能够证明某犯罪事实确为该嫌疑人实施的即可。但是也需注意的是，鉴于逮捕所带来的剥夺嫌疑人人身自由的严重后果，为避免错案，逮捕时对证据应从严把握，即除了犯罪嫌疑人口供之外，还应有其他客观性证据，例如犯罪工具、赃款赃物等实物证据，或被害人陈述、证人证言等言词证据。[1]针对第二项条件，主要强调的是连接客观犯罪事实与可能被逮捕的嫌疑人之间的纽带是证据，从而防止无辜者被羁押。针对第三项条件，这就要求检察员对现存证据进行细致审查，不仅应审查嫌疑人供述与证人证言的基本印证性，若涉及赃款赃物及在案物证的，还需审查证据的来源与去向，此外还应要求侦查机关提供全程录音录像，以便核查供述的真实性。经过审查，一旦发现不符合批准逮捕条件的情形，则应坚决不予批准逮捕。

其二，建立审查批捕阶段的听证制度。《中华人民共和国刑事诉讼法》规定检察机关在审查批准逮捕时可以讯问犯罪嫌疑人，并明确规定了应当讯问犯罪嫌疑人的情形，即第八十八条第一款规定："人民检察院审查批准逮捕，可以讯问犯罪嫌疑人；有下列情形之一的，应当讯问犯罪嫌疑人：（一）对是否符合逮捕条件有疑问的；（二）犯罪嫌疑人要求向检察人员当面陈述的；（三）侦查活动可能有重大违法行为的。"[2]第二百八十条规定："对未成年犯罪嫌疑人、被告人应当严格限制适用逮捕措施。人民检察院审查批准逮捕和人民法院决定逮捕，应当讯问未成年犯罪嫌疑人、被告人，听取辩护律师的意见。"[3]《人民检察院刑事诉讼规则》在我国《刑事诉讼法》的基础之上，对应当讯问犯罪嫌疑人的情形又增加了案情重大疑难复杂、犯罪嫌疑人是盲、聋、哑人或者是尚未完全丧失辨认或者控制自己行为能力的精神病人。不仅如此，我国《刑事诉讼法》对审查逮捕阶段听取辩护律师意见亦作出相关规定。我国《刑事诉讼法》第八十八条第二款规定："人民检察院审查批准逮捕，可以询问证人等诉讼参与人，听取辩护律师的意见；辩护律师提出要求的，应当听取辩护律师的意见。"[4]最高人民检察院《关于切实履行检察职能防止和纠

---

[1] 樊崇义,等.底线:刑事错案防范标准[M].北京:中国政法大学出版社,2015: 203.
[2] 刘志伟,魏昌东,吴江.刑事诉讼法一本通[M].北京:法律出版社,2018: 196.
[3] 刘志伟,魏昌东,吴江.刑事诉讼法一本通[M].北京:法律出版社,2018: 712.
[4] 刘志伟,魏昌东,吴江.刑事诉讼法一本通[M].北京:法律出版社,2018: 196.

正冤假错案的若干意见》再次对办理审查批捕案件应当依法讯问犯罪嫌疑人，高度重视、认真听取辩护律师的意见进行重申与强调。但是，在刑事司法实践中，犯罪嫌疑人在侦查阶段即委托律师的情形较少，加之律师在侦查阶段行使辩护权的空间有限，导致不认真听取或不听取辩护律师意见几乎为普遍现象。而强调在审查批捕阶段建立听证制度，检察员通过听取嫌疑人及其辩护人关于是否符合逮捕条件的意见阐述，不仅有利于检察机关明晰案情、核实证据，同时也可及时发现侦查违法行为，保障嫌疑人合法权益。

其三，强化对逮捕后的必要性审查。2016年下发《人民检察院办理羁押必要性审查案件规定（试行）》，对羁押必要性审查作进一步明确规定。其中第二条规定："羁押必要性审查，是指人民检察院依据《中华人民共和国刑事诉讼法》第九十三条规定，对被逮捕的犯罪嫌疑人、被告人有无继续羁押的必要性进行审查，对不需要继续羁押的，建议办案机关予以释放或者变更强制措施的监督活动。"[①]可以说，该"规定"的出台旨在加强和规范检察院的羁押必要性审查工作，促使羁押理念从"一捕到底"向"必要性羁押"的转变，从而维护"被逮捕的犯罪嫌疑人、被告人合法权益，保障刑事诉讼活动顺利进行"。检察机关在对逮捕后的犯罪嫌疑人进行必要性审查时，应以宽严相济的刑事政策为核心，对于一些危害国家安全犯罪、严重暴力型犯罪的嫌疑人，或者是累犯、惯犯、主观恶意性较强的犯罪嫌疑人要坚决予以打击，将其纳入到必要逮捕的范畴之内；对于那些犯罪情节较轻、在共同犯罪中地位靠后或是初犯、偶犯、未成年人、老年人等犯罪嫌疑人，可结合其成长背景、生活环境等方面的因素，予以从宽考虑。此外，还可将刑事和解制度纳入到逮捕必要性审查的范围之内，如犯罪嫌疑人在被逮捕之后真诚悔罪，通过其家属与被害人达成刑事和解，在人民检察院对和解的真实性、合法性等进行审查之后，可考虑对嫌疑人变更强制措施，以达到既节约诉讼资源，又妥善化解社会矛盾的双重效果。

---

① 刘志伟,魏昌东,吴江.刑事诉讼法一本通[M].北京：法律出版社，2018：205.

（二）严把审查起诉关

美国大法官波斯纳曾道："是否有许多无辜的人被判定有罪，则可能取决于检察官对他们案件的甄别程度和细心。如果检察官从来就没有起诉过那些事实上无罪的人的话，那么即使证据标准可能如同人们所希望的那样低，仍然不会有无辜者被判有罪。相反，如果检察官不进行甄别，而是对任何被指控的人都提出起诉的话，无辜者被判有罪的比例也许就很大。"[1]足以可见，检察官对于证据的审查判断直接关乎到刑事错案的预防。作为证据审查判断主体之一的检察机关，其主要是对自侦案件与公安机关移送审查起诉的案件进行事实与证据的审查。鉴于样本案件中仅有极少的几起属于检察机关自侦案件，故在此笔者仅对公安机关侦查终结后移送审查起诉案件的证据审查判断作出论述。具体而言，检察机关应构建以证据为核心的刑事指控体系，完善证据审查方式，确保案件质量。当前，需要特别注意以下三方面：

其一，强化证据审查。首先，转变传统证据审查模式，将从对"在卷证据"的审查逐步拓展至对"在案证据"的审查，从进行"书面审查"转向"亲历审查"。在审查的过程中一旦发现存有疑问的关键性证据要履行主动核实查证的客观性义务，其中，对于可定罪的证据材料仅有单一的证人证言或被害人陈述的案件，在审查起诉环节则应重新讯问；对于审查起诉阶段嫌疑人翻供或者证人翻证的案件，则要仔细全面核查原因，排除因非法取证手段获取的言词证据；对于足以影响定罪的物证或案发现场，应尽可能到现场作进一步核实；对于某些应进行司法鉴定、现场勘验而未随案移送这部分证据材料的案件，在及时向侦查机关提出要求的同时还应向相关的侦查技术部门、鉴定机构等进行核实，以敏锐发现侦查机关是否存在隐匿、伪造证据的不当侦查行为。经过严格审查之后，按照疑罪从无的原则，对不符合法定起诉条件的，要敢于担当，依法作出不起诉决定，防止"带病"起诉。其次，加强对客观性证据的审查固定。改变以往过于依赖口供的不当审查心理，逐步形成依靠物证、书证等客观证据认定案件

---

[1] 许身健. 防止错案发生检察机关责无旁贷[N]. 检察日报, 2005-8-30（1）.

事实的思维方式。针对物证、书证,在审查其性状与内容的同时,还要注意对证据来源、取证手段等方面的审查;针对鉴定意见,对出具意见的机构、人员、方法等方面应格外注意;针对辨认笔录等,审查其是否依据辨认规则依法形成。再次,严格落实非法证据排除规则。贯彻执行《关于办理刑事案件严格排除非法证据若干问题的规定》,加强对证据合法性的审查,对翻供、翻证情况要认真审查其原因,对翻供、翻证中提供的线索要积极查证,经审查如果无法排除翻供、翻证的合理性和真实性,经补充侦查对关键争议点仍不能排除合理怀疑的,不宜强行起诉。对公诉环节的讯问重大敏感案件犯罪嫌疑人、询问重要证人探索实行同步录音录像,有效应对被告人、证人当庭翻供翻证。对言词证据以外的其他证据材料进行审查之后认为不符合法定收集程序,可能对司法公正造成损害的,应当及时要求侦查机关予以补充侦查或者说明理由,如经补充侦查或无法作出合理解释的,则应对该证据予以排除。最后,推动建立数据化、信息化证据标准。可适时运用大数据、人工智能等新兴技术手段对案件证据的审查予以规范和指导,一旦发现证据存在缺漏或矛盾则可及时启动预警程序,引导检察人员按照法定的证明标准,审慎核实证据的证据资格及其对案件是否具有证明力,以妥善解决司法实践中极易出现的证明标准不统一适用、办案程序缺乏规范性等诸多问题。

其二,充分发挥诉前审查与过滤功能。在刑事司法实践中,因主客观因素导致刑事侦查案件质量不一是较为普遍的现象,倘若将所有案件全部纳入到法院庭审活动中,将使原本证据存在瑕疵或认定案件事实存有矛盾的案件在庭审中集中呈现,导致法院或者通过延长审限、退回案件的方式要求检察机关补充相关证据,或者将案件发回重审由原审法院自行处理,这样无疑会阻碍庭审的顺利进行,影响诉讼的效率与质量,更是对被羁押者人身权利的损害。所以,检察机关诉前指导与过滤把关功能的发挥至关重要。通过建立健全对侦查取证活动的引导机制,可以有效地从源头上确保办案质量。2000年9月21日,最高人民检察院在全国检察机关第一次侦查监督工作会议上提出将"引导侦查取证"作为侦查监督的重点工作之一,即为了提高刑事案件的办案质量,及时、全面、合法地获取指控犯罪所必需的证据，检察机关依据法律的规定，加强与公安机关的配合，要求公安机关准确全面地收集和保全指控犯罪所必需的证据，保证侦查活动的依法进行。2015年6月15日，最高人民检察院出台《最高人民检察院关于加强出庭公诉工作的意见》，再次强调"积极介入侦查引导取证"。即规定"积极介入侦查引导取证，对重大、疑难、复杂案件，坚持介入范围适当、时机适时、程度适度原则，引导侦查机关（部门）完善证据链条和证明体系。"[①]在检察工作实践中，一方面针对重大、疑难、复杂、社会影响力较大，或新型犯罪案件可通过参加案件研讨分析会议、出席现场勘查等多种方式，按照检察机关能够提起公诉的要求与标准，对于侦查机关的证据采集工作及适用法律等方面提出意见，在强化侦查机关证据固定能力的同时，还可规范侦查取证行为的合法性与适当性，以最大限度地确保在提起公诉之前在案证据符合确实且充分的要求；另一方面应规范退回补充侦查工作。在案件存在疑问、证据不充分或矛盾突出的情况下，检察机关应将案件退回至侦查机关以补充侦查，在退补提纲中应对案件存在的问题进行理论性、针对性等多方面的详细论证，并逐步探索建立退补之后的跟踪指导制度，以便于及时了解侦查机关补证进展情况，随时修改完善补充侦查提纲。同时，督促侦查机关按照要求补充完善证据，对补查不到位或者怠于补查的，加强监督，必要时向侦查机关发出纠正违法通知书或者建议更换侦查人员；最后加强与侦查机关的沟通。健全联席会议、侦查质量评析通报等诉侦沟通机制，提高办案水平与采集证据的能力。

其三，推进审查起诉环节的案件繁简分流。随着我国经济发展与社会快速进步，使得新兴领域与新兴业态的疑难复杂案件日趋多发，为有效应对"案多人少"的实际矛盾，在司法资源有限的情况下，繁简分流是优化司法资源配置、符合司法规律的必然选择。各地检察机关纷纷探索建立繁简分流工作机制，并出台一系列相应工作办法。如北京市东城区人民检察院制定《关于办理刑事案件实行繁简分流的工作办法》，确立分流标准、规范分流程序、确定简化内容、明确职责权限、强化监督制约机制。江苏

---

① 刘志伟，魏昌东，吴江. 刑事诉讼法一本通[M]. 北京：法律出版社，2018: 502.

省灌南县人民检察院出台《刑事案件繁简分流分类办理改革实施方案（试行）》共十二条，从人员配备、办案组设立等方面进行规定。黑龙江省鸡西市鸡冠区人民法院与人民检察院联合签发《鸡西市鸡冠区人民法院、鸡西市鸡冠区人民检察院〈关于开展刑事案件繁简分流优化司法资源配置工作〉的意见》。即在审查起诉阶段，检察机关一方面可实行简案快办，对外加强与公安、法院的联系沟通，确保轻微刑事案件集中移送、集中审理。对内通过集中受理、简化审结报告等方式，提高办案效率，确保案件集中起诉；另一方面，对重大、疑难、复杂案件实行精细化办理，对事实或者定罪、量刑方面存在争议的案件，组织检察官召开联席会议进行讨论。在案件移送至法院后，制定详细、有针对性的出庭预案，全方位应对庭审，案件判决后认真分析是否存在诉判不一情况，确保办案质量。

（三）严把公诉关

在案件起诉到法院以后，检察官以国家公诉人的身份参与庭审，并在庭审调查阶段指控犯罪事实、讯问被告人、展示证据，在法庭辩论环节发表公诉意见。可以说，公诉质量的高低及其对辩方能否进行良性对抗，将对法官认定案件事实与把握证据标准产生重要影响。故检察官应在公诉环节以寻求正义，即以"争取不纵不枉的公正判决"[1]为主要努力目标。

其一，认真做好庭前会议工作。根据《最高人民检察院关于加强出庭公诉工作的意见》要求，检察机关应充分发挥庭前会议对于庭审实质化的积极促进作用，妥善运用庭前会议有效解决争议问题。通过协调解决程序问题，充分听取辩方意见，做好证据补强与非法证据排除工作，明确案件争议焦点与庭审重点，从而为庭审活动进行有针对性的准备，以提高庭审质量与效率。

其二，完善庭审举证方式。举证是连接侦查取证与庭审质证的中间纽带环节，根据庭审实质化的要求，任何证据只有经过法庭调查程序查证属实之后才可作为定罪量刑的依据，那么，如何更好地进行证据开示就显得尤为重要。2015年《最高人民检察院关于加强出庭公诉工作的意见》对当

---

[1] 龙宗智.刑事诉讼中检察官客观义务的内容及展开[J].人民检察，2016（1）：49.

庭示证予以强调，要求"各级公诉部门要强化当庭指控证实犯罪工作。在当庭指控证实犯罪时，公诉人应强化证据合法性证明，对被告人或辩护人当庭提出被告人庭前供述系非法取得，法庭决定进行调查时，公诉人可根据讯问笔录、羁押记录、出入看守所健康检查记录、看守管教人员谈话记录以及侦查机关的说明等进行证明。必要时，公诉人可以要求法庭播放讯问录音、录像，申请法庭通知侦查人员或者其他人员出庭说明情况。"[1]为确保检察机关能够客观公正地履行公诉职责，首先应改变传统仅出示无争议有罪证据的庭审举证模式，而应将证明被告人有罪或无罪、罪轻或罪重、存有异议的证据均向法庭出示并加以说明。但为了避免庭审举证过于繁冗，可通过"繁简分流"的方式，由检察官先行对需要展示的证据进行筛选与把关，其中对于庭前会议中控辩双方均不持异议的证据适当简化出示，对于证明力最强的难点证据着重展示，以便于辩方质证以及法官集中查证争议问题。其次应注重运用多媒体示证系统。比如，为保证和强化证据证明力，××市人民检察院按照犯罪构成要件制作PPT分组进行举证、质证，将传统的物证、书证、言词证据、鉴定意见、现场勘查笔录等证据通过多媒体进行直观、生动的展示，并详细研究举证、质证的先后顺序。出庭检察人员在证据展示之前，向法庭说明证据的来源、所证明的案件事实，充分证明证据的合法性、客观性、关联性。最后应提高庭审抗辩能力。一方面强化交叉询问的能力。出庭支持公诉的检察官应当充分熟悉案情，以便敏锐发现出庭证人非正常性的行为举止及前后矛盾的表述，一旦与在案的其他证据出现严重不一致的情况，应用反应迅速的反询问方式明确指出对方陈述的疏漏与不足，以达到反驳对方、证实己方的目的；另一方面强化庭审应对能力。出庭之前，检察官应充分准备庭审预案与讯问、询问提纲，对可能出现的情况提早作出分析研判，以便适应庭审节奏，强化对公诉主张的说理及对证据的证明。同时，针对专业性较强的鉴定意见等证据，积极推动证人、鉴定人、有专门知识的人、侦查人员出庭，通过对专家证人、鉴定人等人员的询问达到良好的庭审效果。

---

[1] 刘志伟，魏昌东，吴江. 刑事诉讼法一本通[M]. 北京：法律出版社，2018: 504.

其三，探索单独起诉卷宗移送制度。我国2012年在修改《刑事诉讼法》时改变了先前主要证据复印件或照片的卷宗移送方式，而又恢复了全卷移送制度。①对此，有学者认为，"这种制度的缺陷是法官预先了解案情和诉讼证据，容易产生先入为主的见解，形成预断，可能影响法官作出公正的裁判。"②因全案卷宗移送易导致法官不再重视庭审过程，仅依据侦查卷宗即对案情作出判断，错失纠正错误的机会与可能，于是有部分学者提出可采用起诉状一本主义③解决全卷移送的问题。从世界范围来看，英美法系国家多采取起诉书一本主义；大陆法系国家多采取卷宗移送主义，但对阅卷范围有所限制。笔者认为，为了既防止法官对于案件事实的认知全部依赖于案卷，又避免仅审查起诉状而不明确庭审重点，可采用折中的方式，即检察机关在移送起诉时，向法院提交载有证明案件事实主要证据的单独起诉卷宗，而对其他不属于证据的材料则不再移送。

三、深化审判程序规则

党的十八届四中全会将"以审判为中心的诉讼制度改革"确定为司法改革的一项重要举措，而为切实推进以审判为中心的刑事诉讼制度改革

---

① 我国《刑事诉讼法》第一百六十二条规定："公安机关侦查终结的案件，应当做到犯罪事实清楚，证据确实、充分，并且写出起诉意见书，连同案卷材料、证据一并移送同级人民检察院审查决定"。第一百七十六条规定："人民检察院认为犯罪嫌疑人的犯罪事实已经查清，证据确实、充分，依法应当追究刑事责任的，应当作出起诉决定，按照审判管辖的规定，向人民法院提起公诉，并将案卷材料、证据移送人民法院。"刘志伟，魏昌东，吴江. 刑事诉讼法一本通[M]. 北京：法律出版社，2018: 394, 436.
② 陈光中.《中华人民共和国刑事诉讼法》修改条文释义与点评[M]. 北京：人民法院出版社，2012: 250.
③ 所谓起诉状一本主义是指："在提出起诉书的时候，不得附加能够使法官预先对案件产生判断的任何文件或其他证据。另外，也不得在起诉书中引用这些内容。这是为了使法官在进入第一次开庭前对被告人的罪责不抱任何偏见，是未来实现'公平法院'的理念采取的措施。"松尾浩也. 日本刑事诉讼法（上卷）[M]. 丁相顺，译. 北京：中国人民大学出版社，2005: 192.

成果能够在刑事审判活动中得到有效落实，2017年12月27日，最高人民法院发布了深化庭审实质化改革的"三项规程"，即《人民法院办理刑事案件庭前会议规程（试行）》《人民法院办理刑事案件排除非法证据规程（试行）》和《人民法院办理刑事案件第一审普通程序法庭调查规程（试行）》，并于2018年1月1日起全面施行，从而使"庭审实质化"①成为"以审判为中心的诉讼制度改革"的重要内容之一。应当说，虽然刑事错案的出现与侦查人员非法取证、检察人员审查不当等均有密切的相关性，但从某种程度而言，对于错案形成更具决定意义的是未能通过审判程序纠正先前诉讼过程中的错误。而审判程序是否具有自治性，关键在于庭审作用是否得到有效发挥。因为庭审活动是整个审判程序的核心，只有切实发挥法庭审理的实质性作用，才能推动以审判为中心的刑事诉讼制度的建立，从而达到有效治理刑事错案的目的。然而，庭审虚化②现象在刑事诉讼活动中具有一定的普遍性。刑事司法实践证明，如果庭审不能发挥实质性的作用，那么其他所有诉讼程序的运行都会变得"徒劳无功"，在程序正义得不到实现时，提高了刑事错案出现的可能性。与之相反，如果能够充分重视并有效发挥庭审的实质性作用，"实现诉讼证据质证在法庭、案件事实查明在法庭、诉辩意见发表在法庭、裁判理由形成在法庭"③，将

---

①所谓庭审实质化，是指"应通过庭审的方式认定案件事实并在此基础上决定被告人的定罪量刑"，"内核在于通过庭审认定案件事实并在此基础上定罪量刑，法官对案件事实的全部认知以及裁判心证应当且只能来源于庭审过程。汪海燕，于增尊. 预断防范：刑事庭审实质化诉讼层面之思考[J]. 中共中央党校学报，2016（1）：55.

②庭审虚化是与庭审实质化相对的概念。按照何家弘教授的解释，庭审虚化是指法官对证据的认定和对案件事实的认定主要不是通过法庭上的举证和质证来完成的，而是通过庭审之前或之后对案卷的审查来完成的，或者说，法院的判决主要不是由主持庭审的法官作出的，而是由"法官背后的法官"作出的。换言之，庭审在刑事诉讼过程中没有起到实质性作用，司法人员不经过庭审程序也可以照样作出被告人是否有罪的判决。何家弘. 亡者归来：刑事司法十大误区[M]. 北京：北京大学出版社，2014：174-175.

③龙宗智. 庭审实质化的路径和方法[J]. 法学研究，2015（5）：139.

大大有利于为公正裁判奠定坚实而可靠的基础。

（一）庭前会议：功能定位于"程序审查"

庭前会议程序，在德国称之为中间程序，在法国称之为预审程序，在美国称之为庭前会议，在日本及我国台湾地区称之为庭前整理程序。虽然不同国家或地区对于这一程序的表述有所差异，但总体而言，均认为庭前会议程序是庭前准备程序中的核心。我国《刑事诉讼法》增设"庭前会议"条款①，明确庭前会议是"一个相对独立且具有保证正式审判顺利进行的准备程序。"②也即，庭前会议并非是法庭正式审理之前的必经程序，而是法院针对具有"证据材料较多、案情疑难、复杂、社会影响重大或者控辩双方对事实证据存在较大争议"等情形的案件召集相关人员了解情况、听取意见、整理争点，从而为庭审顺利进行而安排的准备活动。庭前会议程序解决的问题不仅包括一系列对程序性问题的汇总解决，而且包含案件部分实体问题的整理明晰。③在处理程序性问题方面，《庭前会议规程》中明确了庭前会议对管辖、回避、非法证据排除等十项程序性事项

---

①我国《刑事诉讼法》第一百八十七条第二款："在开庭以前，审判人员可以召集公诉人、当事人和辩护人、诉讼代理人，对回避、出庭证人名单、非法证据排除等与审判相关的问题，了解情况，听取意见。"刘志伟，魏昌东，吴江. 刑事诉讼法一本通[M]. 北京：法律出版社，2018：488.
②陈光中.《中华人民共和国刑事诉讼法》修改条文释义与点评[M]. 北京：人民法院出版社，2012：260.
③闫春雷，贾志强. 刑事庭前会议制度探析[J]. 中国刑事法杂志，2013（3）：69.

处理的效力与具体处理方式。①通过在庭审之前尽可能地排除非法证据、提供有利于被告人证据等方式，能够提早发现可能导致刑事错案的不利因素，利于错案的防范。在处理实体性问题方面，法院通过组织证据开示，明晰争议证据，归纳争议焦点，以明确庭审重点，提高审判效率，确保庭审质量，这对于防范刑事错案意义重大。所以说，庭前会议的主要功能在于繁简分流、证据开示、整理争点、刑事和解与附带民事诉讼调解。随着理论界对庭前会议程序研究的逐渐深入与司法实务界在适用过程中的经验总结，庭前会议程序在刑事诉讼中的重要地位也渐渐被认知。有鉴于此，为使庭前会议能够符合庭审实质化的改革要求，并提早发现存在问题与错误的案件，可从以下五方面做出努力：一是法官应提高启动庭前会议程序的积极性，检察官应强化启动庭前会议程序的建议权，对于案情较为复杂以及具有争议的案件，均应召开庭前会议；二是加强对案件主要争议焦点的整理与总结，明确控辩双方基本观点，利于法官对于庭审节奏的掌握以及辩方针对质证进行准备；三是让庭前会议回归"程序审查"的功能。为保证庭审活动的顺利进行，法官在主持庭前会议时应当引导控辩双方对在案证据提出一定的意见，而非进行与实际开庭一样的质证与辩论，否则则是将庭前会议与正常开庭审理混为一谈，影响庭审实质化的推行；四是强化庭前会议所获意见的效力。因部分案件在召开庭前会议时被告人并未到

---

① 《人民法院办理刑事案件庭前会议规程（试行）》第十条规定："庭前会议中，主持人可以就下列事项向控辩双方了解情况，听取意见：（一）是否对案件管辖有异议；（二）是否申请有关人员回避；（三）是否申请不公开审理；（四）是否申请排除非法证据；（五）是否申请提供新的证据材料；（六）是否申请重新鉴定或者勘验；（七）是否申请调取在侦查、审查起诉期间公安机关、人民检察院收集但未随案移送的证明被告人无罪或者罪轻的证据材料；（八）是否申请向证人或有关单位、个人收集、调取证据材料；（九）是否申请证人、鉴定人、侦查人员、有专门知识的人出庭，是否对出庭人员名单有异议；（十）与审判相关的其他问题。对于前款规定中可能导致庭审中断的事项，人民法院应当依法作出处理，在开庭审理前告知处理决定，并说明理由。控辩双方没有新的理由，在庭审中再次提出有关申请或者异议的，法庭应当依法予以驳回。刘志伟，魏昌东，吴江.刑事诉讼法一本通[M].北京：法律出版社，2018：492.

庭，且庭前会议的主持法官或其所在的合议庭并无法定的诉讼决定权，那么，为了使庭前会议切实发挥功用，强化所获意见的效力，可设立主持庭前会议的法官将会议情况向法庭予以报告的程序，从而使"庭前会议的意见获得程序效力"①；五是可考虑通过庭前会议程序过滤不当公诉，也即法官在庭前会议中听取控辩双方对于案件事实和证据材料的意见之后，若认为事实不清、证据不足，可向检察机关提出撤回起诉的建议，从而防止存在瑕疵的案件进入庭审环节，在节约司法资源的同时亦使案件被错判有罪的风险大为降低。

（二）庭审方式：贯彻直接言词原则

直接言词原则的理念最早可追溯至古罗马时期，其基本特征表现为：诉讼当事人必须到庭，以言语动作陈述己方意见、进行抗辩和宣誓，刑事审判以直接和言词的形式开展，法官直接根据开庭情况作出裁判，而书面文件不得在诉讼活动中出现。②英美法系国家虽未对该原则作出直接规定，但是却用传闻证据规则充分体现出直接言词原则的精神。直接言词原则是直接原则与言词原则的组合体，其中，直接原则要求裁判信息直接来源于庭审活动，法官必须亲自从庭审中获取定案所需的实质性内容，不得仅以书面审理等间接方式构建心证并作出裁判。该原则对法官有两项基本要求：一是形式的直接审理，要求法官本人必须亲自参与法庭审理，不得委托他人审理或裁判案件；二是实质的直接审理，要求法官应当以直接、原始性的方式审查证据，不得以书面材料等证据替代品作为定案依据。③言词原则是与"书面审理"相对应的范畴，其要求只有经过言词陈述的方式质证和认证的证据才具有成为定案依据的资格，法庭审理的方式应当以言语陈述、问答和论辩的形式展开。④直接原则与言词原则二者的核心要旨与主体内容基本一致，故合为一项原则予以适用。在刑事审判活动中，

---

① 龙宗智.庭审实质化的路径和方法[J].法学研究,2015（5）:155.
② 周枏:罗马法原论（下）[M].北京:商务印书馆,2014:934.
③ 罗克信.刑事诉讼法[M].吴丽琪,译,北京:法律出版社,2003:429.
④ 陈卫东.刑事诉讼法[M].北京:中国人民大学出版社,2015:127.

直接言词原则的贯彻程度直接影响审判的质量与裁判的正确性。适用直接言词原则的首要价值则是有利于查明案件真实情况。通过法官与被告人、证人、检察官、辩护人等在庭审过程中的直接接触，听取被告人的辩解与其辩护人的辩护意见、证人的陈述、检察官的看法以及控方、辩方、证人等相互之间的询问，再由法官针对核心问题向有关人员发问等过程，法官甚至可以"忘却"卷宗的内容，而更加直观、客观地观察庭审参与者的一言一行、一颦一笑、态度动作等，从而形成内心的确信与对案件的准确判断。也即直接言词原则的适用不仅有助于法官直观审查证据，客观认定案情，而且有利于改善控方的强势地位，为辩方充分行使辩护权创造条件，以保障控辩双方平等的诉讼地位。我国虽未在《刑事诉讼法》中将直接言词原则规定为刑事诉讼的基本原则，但有关于证人证言须经控辩双方质证的规定体现出了该原则的要求，第一百九十二条对证人、鉴定人、执行职务过程中目击犯罪情况的警察出庭作证进行规定[①]，与此同时，第六十四

[①] 我国《刑事诉讼法》第一百九十二条规定："公诉人、当事人或者辩护人、诉讼代理人对证人证言有异议，且该证人证言对案件定罪量刑有重大影响，人民法院认为证人有必要出庭作证的，证人应当出庭作证。人民警察就其执行职务时目击的犯罪情况作为证人出庭作证，适用前款规定。"刘志伟，魏昌东，吴江. 刑事诉讼法一本通[M]. 北京：法律出版社，2018：511.

条保护证人①、第六十五条证人出庭补助②、第一百九十三条强制证人出庭以及对未出庭的罚则③等属于完善证人出庭配套制度的具体内容。可以说，这些立法规定表达了贯彻落实直接言词原则，推动庭审实质化的良好初衷。但在实际审判过程中，证人出庭率较低、由"案卷中心主义"裁判模式导致庭审虚化的情况仍普遍存在。基于此，笔者认为，只有摒弃"案卷中心主义"，积极适用直接言词原则，才能在实现庭审实质化的情况下对刑事错案进行有效治理。

首先，确保证人出庭是直接言词原则的适用前提。2017年出台的《人民法院办理刑事案件第一审普通程序法庭调查规程》（以下简称《法庭调

---

① 我国《刑事诉讼法》第六十四条规定："对于危害国家安全犯罪、恐怖活动犯罪、黑社会性质的组织犯罪、毒品犯罪等案件，证人、鉴定人、被害人因在诉讼中作证，本人或者其近亲属的人身安全面临危险的，人民法院、人民检察院和公安机关应当采取以下一项或者多项保护措施：（一）不公开真实姓名、住址和工作单位等个人信息；（二）采取不暴露外貌、真实声音等出庭作证措施；（三）禁止特定的人员接触证人、鉴定人、被害人及其近亲属；（四）对人身和住宅采取专门性保护措施；（五）其他必要的保护措施。证人、鉴定人、被害人认为因在诉讼中作证，本人或者其近亲属的人身安全面临危险的，可以向人民法院、人民检察院、公安机关请求予以保护。人民法院、人民检察院、公安机关依法采取保护措施，有关单位和个人应当配合。"刘志伟，魏昌东，吴江.刑事诉讼法一本通[M].北京：法律出版社，2018: 143.

② 我国《刑事诉讼法》第六十五条规定："证人因履行作证义务而支出的交通、住宿、就餐等费用，应当给予补助。证人作证的补助列入司法机关业务经费，由同级政府财政予以保障。有工作单位的证人作证，所在单位不得克扣或者变相克扣其工资、奖金及其他福利待遇。"刘志伟，魏昌东，吴江.刑事诉讼法一本通[M].北京：法律出版社，2018: 149.

③ 我国《刑事诉讼法》第一百九十三条规定："经人民法院通知，证人没有正当理由不出庭作证的，人民法院可以强制其到庭，但是被告人的配偶、父母、子女除外。证人没有正当理由拒绝出庭或者出庭后拒绝作证的，予以训诫，情节严重的，经院长批准，处以十日以下的拘留。被处罚人对拘留决定不服，可以向上一级人民法院申请复议。复议期间不停止执行。"刘志伟，魏昌东，吴江.刑事诉讼法一本通[M].北京：法律出版社，2018: 514.

查规程》）不仅充分体现了庭审实质化的精神，而且对我国《刑事诉讼法》中关于证人出庭的相关条文作出了突破性的规定。为有效落实《法庭调查规程》，需要在三方面做出努力：首先，在证人出庭条件方面。《法庭调查规程》第十三条第一款规定："控辩双方对证人证言、被害人陈述有异议，申请证人、被害人出庭，人民法院经审查认为证人证言、被害人陈述对案件定罪量刑有重大影响的，应当通知证人、被害人出庭"，也即要求针对证人出庭的申请，须经法院审查之后予以决定。"人民法院经审查认为"的规定赋予法官较大的自由裁量权，这就需要法官具备较高的专业素养与道德修养，克服证人出庭影响庭审效率等心理偏差，准确把握证人应出庭的范围。其次，在确保证人出庭方面。《法庭调查规程》第十三条第五款规定："人民法院通知证人、被害人、鉴定人、侦查人员、有专门知识的人等出庭后，控辩双方负责协助对本方诉讼主张有利的有关人员到庭。""控辩双方负责协助"的规定对于解决刑事司法实践中证人出庭难的问题具有积极意义，这就需要控辩双方充分认识到证人出庭作证的重要性。检察机关应发挥其自身职能作用，为证人到庭做出实质性努力；辩护人看似"势单力薄"，但也应从切实维护被告人权益的角度出发，认真履行自身辩护职责。最后，在证人出庭的范围与功能方面。证人均应当出庭作证是应然要求，而实际上，并不是任何案件的任何证人均须出庭。从有利于查明事实真相、提高审判效率的角度出发，应当出庭的证人是有需要出庭的证人。这种需要则主要取决于控辩双方。证人出庭应当有两项基本功能：其一，为依据所提供的证据提出控诉或辩护主张的一方作证，以支持控诉主张或辩护主张的成立；其二，接受诉讼另一方对证人作证内容及有关问题的质证，以质疑、动摇、推翻出庭证人作证所证明的案件事实，进而达到使控方或辩方据此提出的诉讼主张不能成立的目的。[①]

其次，确立交叉询问制度是直接言词原则的适用载体。交叉询问是继直接询问之后在庭审过程中对证人进行询问的第二个阶段，也即先由提出

[①] 顾永忠. 庭审实质化与交叉询问制度——以《人民法院办理刑事案件第一审普通程序法庭调查规程（试行）》为视角[J]. 法律适用, 2018（1）: 16.

证人的一方对证人询问，之后再由对方向其询问，力争发现矛盾或错误等因素，由此降低乃至直接否定该证言的证明力。不仅如此，通过交叉询问还可以使对方证人承认那些对于本方有利的事实。一方律师若能在交叉询问中证实为另一方所主张的相反的事实，即对方所诉不是事实或不真实，就等于对方承认了某些有利于本方的事实，该种观点就会被裁定为最终答复，对方不允许反驳。交叉询问制度是英美法系国家基于当事人主义而在刑事诉讼的审判环节为查明案件事实真相所采用的方法，并认为通过交叉询问更加有利于发现真相，克服偏差。即便是基于职权主义模式的大陆法系国家，也在其相关立法中规定了交叉询问制度。我国有学者认为自1996年对刑事诉讼法进行修改时，在庭审模式方面引入了体现当事人主义的证人出庭及询问相关规则，并在日后出台的司法解释中对其予以更进一步的发展，由此可知，交叉询问制度已在我国建立起来。但还有一部分学者对此持否定态度。比如龙宗智教授认为："将我国目前由控辩双方在法庭上进行人证调查的方式不加具体限制地称作交叉询问并不适当。同时建议以'控辩询问'定位我国的庭审询问证人模式。"[①]笔者认为，《法庭调查规则》基本体现出交叉询问制度的大体框架。庭审实质化不仅要求证人出庭作证，同时要求对出庭证人进行实质性的调查，这样才能确保准确认定案件事实，避免因证词虚假而对案件的误判，由此导致错案出现。也可以说，通过交叉询问，对对方证人发起挑战，如果其证言虚假不实，则可以及时发现和揭露。正是在这种你来我往的相互博弈下，……审判人员才能作出正确的判断和定夺。[②]与此同时，在构建我国交叉询问制度的过程中可适当引入英美法系国家关于该制度相对成熟的禁止诱导性询问规则，也

---

① 龙宗智. 我国刑事庭审中人证调查的几个问题——以"交叉询问"问题为中心[J]. 政法论坛, 2008（5）: 25.
② 顾永忠. 庭审实质化与交叉询问制度——以《人民法院办理刑事案件第一审普通程序法庭调查规程（试行）》为视角[J]. 法律适用, 2018（1）: 16.

即对《法庭调查规程》关于"不得采用诱导方式发问"[①]的交叉询问发问规则加以修正,对不得诱导和可以诱导的提问加以区分。

再次,加大对证人的保护与补偿力度是直接言词原则的适用保障。我们在明确证人负有依法作证义务的同时,其也相应地具有对其人身与财产权益进行保障以及获得经济补偿的权利。一方面,我国应设计一套具有科学性、完备性,并符合我国国情与刑事司法实践要求的证人保护制度,明确规定对证人进行保护的机构、人员及其具体职责,以对证人进行作证之前、之中、之后各个阶段的全方位保护。比如事前对证人身份实行保密;事中为证人设置单独的等候区、及时告知证人的安全信息;事后要对不法侵害证人的行为加大打击力度,加重不法者的法律责任。[②]不仅如此,还应规定对证人保护不当的监督制约机制,证人一旦出现人身危险或财产损失的情况,对于承担保护职责的机构及人员应当受到一定的责任制约,用严格的责任设定倒逼证人保护力度的强化。另一方面,应当进一步明确对于证人出庭作证的经济补偿标准以及具有可操作性的实施方案。因我国不同地域的经济发展水平不一致,证人自身的职业特点、经济收入、实际支出等方面也各有差异,所以补偿标准不应一概而论,而应有所区分。具体的补偿内容可包含交通费、住宿费、就餐费、误工费等方面。同时,可适当考虑对出庭证人给予一定的精神奖励与物质奖励,这样既有利于提升证人出庭作证的积极性,同时也有利于拓宽证据来源,起到预防刑事错案的作用。

(三)庭审调查:完善质证规则

证据裁判原则要求必须以证据作为认定案件事实的根据,而且裁判所依据的必须是具有证据资格并经过法庭合法调查的证据。判断某一材料

[①]《人民法院办理刑事案件第一审普通程序法庭调查规程(试行)》第20条规定:"向证人发问应当遵循以下规则:(一)发问内容应当与案件事实有关;(二)不得采用诱导方式发问;(三)不得威胁或者误导证人;(四)不得损害证人人格尊严;(五)不得泄露证人个人隐私。"刘志伟,魏昌东,吴江.刑事诉讼法一本通[M].北京:法律出版社,2018:516.

[②]樊崇义,等.底线:刑事错案防范标准[M].北京:中国政法大学出版社,2015:263.

是否具有证据资格可由证据规则予以把关,而对某一证据能否采信则有赖于法庭调查过程中的质证、认证与辩论。在庭审实质化推进的过程中,严格规范庭审调查程序,完善质证规则,对于案件事实的准确认定,预防刑事错案具有重要意义。然而,质证目前在我国只是一道程序,而非被告人的一项权利。我国的刑事判决书中几乎都有这么一句话:"以上证据,均经当庭出示、宣读,并经辨认、质证等法庭调查程序查证属实,应予确认。"被告人对于质证并没有任何的主动权、选择权以及救济权。[1]那么,笔者认为若要切实推进庭审实质化,让被告人以及辩护人享有充分的质证、认证与辩护的机会,并促使庭审摆脱长期以来由控方主导结论的局面,需要建构以查明案件事实为核心的质证规则。《法庭调查规程》规定的举证与质证的基本顺序、法庭的提示与审查职责、各类证据的举证方式以及对证据存有疑问和异议的处理程序等内容,是推进庭审实质化的重要体现。不仅如此,还应在其他方面做出努力,以重构庭审事实发现机制。一是强化检察机关的举证责任,也即要求检察机关对其举证的每一个证据均能做到全面、完整、客观地展示于法庭之上,并对证据的证据能力与证明力高度负责,同时能够侧重表述其所展示的证据与待证事实之间的关联性,以完成其对于被告人有罪事实的证明责任,高质量地完成举证任务;二是强化控辩双方对证据的当庭质证,改变以往质证结果仅是被告人回答"对""是""有"等结论的局面。控辩双方可对刑事诉讼法规定的法定证据进行证据能力与证明力的质证,在质证过程中首先按照非法证据排除等规则对某一证据是否具有证据能力进行判断,如缺乏证据能力的证据则无需再进行证明力的质证,只有在经过证据能力判断之后符合证据资格要求的证据才可对其进行接下来的证明力强弱大小的质证,对于证明力薄弱的证据,可按照补强证据规则要求进一步夯实完善证据,以防止用证明力不足的证据或者孤证定罪;三是强化证人出庭作证,此部分内容已在前文述及,故不在此赘述;四是强化控辩审三方的诉讼能力。在以审判为中心的背景之下,着力推进庭审实质化和有效增强庭审抗辩性,需要法官、检

---

[1] 王晓华.我国刑事被告人质证权研究[M].北京:中国政法大学出版社,2014:10.

察官和辩护人能够在庭审过程中作出正确、合理、适当的判断，并且需要调动各方面的知识、经验和诉讼技能。

四、理顺公检法三机关的相互关系

应当说，公检法三机关之间过于重视配合、轻视制约是刑事错案滋生的重要原因之一。我国宪法及相关法律虽明确规定公检法三机关应"分工负责、互相配合、互相制约"，但在刑事司法实践中有时会演变为三机关从同一视角出发相互配合证明犯罪确实存在的过程。尤其在依据现有证据能否确实证明某一犯罪事实系某人所为的案件中，法院原本可依据"疑罪从无"原则作出无罪的裁判，但考虑到公检法配合的心态，往往会运用建议检察机关撤回起诉再行补充侦查或者发回重审等方法处理案件，有时甚至会"疑罪从轻"地作出降格处理的决定，从而导致案件出现严重超期而使被追诉人处于长期被羁押的状态，易使无辜者被判处有罪进而出现刑事错案。究其根本，乃系公检法三机关之间缺乏有效的监督与制约。为此，党的十八届三中全会《决定》提出："健全司法权力分工负责、互相配合、互相制约机制"[1]；党的十八届四中全会《决定》进一步指出："健全公安机关、检察机关、审判机关、司法行政机关各司其职，侦查权、检察权、审判权、执行权相互配合、相互制约的体制机制"[2]，这对于理顺三机关关系具有重要的理论与实践指导意义。笔者认为，若要在以审判为中心的前提之下优化公检法三机关关系，需要明晰以下四方面内容：

其一，应明确"以审判为中心"绝不是对公检法三机关分工负责、相互配合、相互制约原则的改变。公检法三机关必须按照法律规定的权限进行刑事诉讼活动，各司其职，各尽其责，不可相互替代也不能混淆概念。

---

[1] 中共中央关于全面深化改革若干重大问题的决定[N]. 人民日报, 2013-11-16（1）.
[2] 中共中央关于全面推进依法治国若干重大问题的决定[N]. 人民日报, 2014-10-29（1）.

也即"中心论"与"阶段论"是辩证的统一，二者并不矛盾。① 可以说，以审判为中心的刑事诉讼制度改革主要目的即为了切实发挥审判应有的终局裁断及对庭审前的制约与引导功能，并起到纠正以侦查为中心的流水式刑事诉讼格局的作用，以有效抵御事实尚未查清、证据存有疑问或办案程序违法的案件进入审查起诉与审判阶段，造成"起点错、跟着错、错到底"。②

其二，强化检察权对侦查权的规制，从源头上保障案件质量。实际上，检察官对于侦查活动和侦查过程的主导，抑或之是否能够监督指挥侦查人员办理案件，将成为裁判结果的一项重要指标，其关系着审判阶段作出裁判结果的客观性与正确性。对此，检察机关一方面应逐步拓宽获取侦查违法信息的渠道。比如，一些省级检察机关与公安机关会签文件，建立了公安机关立案案件的信息同步向检察机关的侦查监督部门通报备案制度；还有的基层检察院在派出所设立检察室，由检察官定期到派出所获取立案和侦查信息③；另一方面应在审查起诉环节中充分发挥诉前审查与过滤功能；再者应强化对侦查违法行为的监督。严格按照法律相关规定强化对办案单位及其工作人员诉讼违法行为的发现、调查、核实与纠正力度，并认真履行对非法证据排除的监督职责。

其三，构建新型诉审配合制约关系，共同提升案件质量。检察机关不仅应加强与审判机关的沟通协调，对法官在审判活动中的主导地位给予支持与尊重，而且还应切实履行自身的法律监督职责，促使检法工作既能互相配合，又能互相制约，扎实办案，提升质效。具体而言，一是应加强出庭指控工作。做好庭前准备，强化庭审指控，加强说理及对证据合法性的证明，并积极推动证人等人员出庭。二是应完善与法院的沟通协商机制。平衡好公诉人诉讼职能与监督职能的关系，尊重法官对庭审节奏的把握和

---

① 樊崇义. "以审判为中心"的概念、目标和实现路径[N]. 人民法院报, 2015-1-14（5）.
② 靳昊. 力避"起点错、跟着错、错到底"——法学专家卞建林谈推进以审判为中心的刑事诉讼制度改革[N]. 光明日报, 2016-10-11（7）.
③ 孙应征. 刑事错案防范与纠正机制研究[M]. 北京: 中国检察出版社, 2016: 228.

为推进庭审进行作出的决定。加强对类案证据标准的梳理和对疑难案件证明标准的研究，健全联席会议制度，定期对类案的事实认定、证据采信和法律适用等问题进行研讨交流，形成统一的执法司法尺度。三是应强化刑事审判监督工作，严格抗诉标准，重视提升抗诉的质量和效果，若法院作出的裁判确有错误，应坚决提出抗诉。还要特别重视充分发挥二审环节的法律监督作用，高度重视二审上诉、抗诉程序的出庭工作，对下级检察院提出的抗诉意见，要严格审核把关，认真做好提讯和补充侦查工作，确保二审案件质量。

其四，探索审判中心主义的审前适用。加强审判权对于起诉权与侦查权的制约是符合以审判为中心的刑事诉讼制度改革目的的，在以往"侦查中心主义"的诉讼模式之下，似乎侦查先天就具有制约起诉、审判的权力，在立法中也有关于检察权制约侦查权、审判权的明文规定，而"弱小"的审判权几乎未能对侦查权、检察权加以制约。所以，为了从根本上扭转"以侦查为中心"的刑事诉讼模式以及公检法三机关之间"配合有余、制约不足"的司法弊病，习近平总书记对于党的十八届四中全会明确提出"在刑事诉讼中实行以审判为中心的诉讼制度改革"予以高度重视，对此多次发表重要论述和讲话，认为"推进以审判为中心的诉讼制度改革，目的是促使办案人员树立办案必须经得起法律检验的理念，确保侦查、审查起诉的案件事实证据经得起法律检验，保证庭审在查明事实、认定证据、保护诉权、公正裁判中发挥决定性作用"，"这项改革有利于促使办案人员增强责任意识，通过法庭审判的程序公正实现案件裁判的实体公正，有效防范冤假错案的发生"。[①]故此，为了有效治理刑事错案，应将审判对侦查、起诉工作的制约放置在重要位置。其中，对于凡是涉及公民自由、财产、安全、生命等事项，无论是实体性质还是程序性质的，均应由审判机关加以审查或者裁判，同时，强调将追诉犯罪职能和司法职能加以严格划分，对于公民基本权利进行限制或者剥夺的机关应当是不具有追诉犯罪职能的司法机关。

[①] 习近平.论坚持全面依法治国[M].北京：中央文献出版社，2020：102.

第六章 依法独立公正行使司法权是全面推进错案治理之制度保障

埃尔曼言："如果司法过程不能以某种方式避开社会中行政机构或其他当权者的摆布，一切现代的法律制度都不能实现它的法定职能，也无法促成所期望的必要的安全与稳定。这种要求通常被概括为司法独立原则。"[1]回顾我国对司法机关依法独立公正行使职权的态度，是一个在曲折中循序渐进不断发展的过程。目前，我国已将司法机关依法独立行使职权确立为一项重要的宪法性原则。党的十八大以来，党中央从党和国家发展的顶层战略高度，不仅特别重申该原则，而且着重强调确保该原则有效实施、落地生根的关键性意义，体现出党对司法权独立运行的坚定支持。党的十八届三中全会《决定》将深化司法体制改革作为全面深化改革中举足轻重的重大任务之一，并部署"确保依法独立公正行使审判权检察权"等核心任务。党的十八届四中全会《决定》以公报的形式对该任务作进一步强调，表明司法权独立运行是提升司法公信力的前提要件，是健全司法体制的必然要求。随着司法体制改革、以审判为中心的诉讼制度改革的不断推进，如何从制度上确保司法权能够依法独立行使具有必要性、紧迫性与现实性，其不仅是实现司法公正的现实基础，也是防范刑事错案的关键保障。

一、坚持与落实党对司法工作的领导

如前所述，我们要在党的领导之下开展刑事错案治理工作，因为"中

---

[1]埃尔曼.比较法律文化[M].贺卫方,高鸿钧,译.北京:生活·读书·新知三联书店,1990:134.

国特色社会主义最本质的特征是中国共产党领导，中国特色社会主义制度的最大优势是中国共产党领导，党是最高政治领导力量。"[1]党的领导的具体表现之一即是党对司法的支持，其中需要正确处理坚持党的领导与司法权独立运行之间的关系。实际上，从党的十一届三中全会开始，即在中央顶层文件中明确了党对司法的领导主要为路线、方针、政策上的领导以及思想、组织上的领导，而非党司不分或党委、政法委等直接插手司法案件办理。这是因为党作为国家的领导核心，已将自己的领导方针、思想政策等通过立法渠道上升为国家意志，无论任何人还是任何机构均需严格按照法律规范行事，若有所违反则将背离党的根本意志，也即破坏了党的领导。既然宪法及其他法律并未赋予党的组织具有干预司法办案的权力，那么，如若党的组织超越法律限度干预司法机关对具体案件的处理，则属于对宪法规定的违拗；既然宪法已将依法独立行使司法权设置为基本原则，那么党的组织就应施以方案确保宪法要求能够落地生根。

二、理顺人大监督与司法自主的关系

根据我国法律规定，人民代表大会作为国家权力机关，其对于法检机关具有监督的权力。应当说，司法机关不仅应当牢牢树立接受人大监督的思想意识，还应采取相应措施确保人大对其能够进行有效监督。因为通过人大监督，有利于促使司法机关不断完善自身建设，逐步强化抵御外部不当干预司法的能力。根据相关法律规定，人大监督法检工作的具体方式主要是依据法定程序任免司法机关人员、听取和审议专项工作报告、专项检查、视察与质询司法机关执法情况，并重点解决审判、检察工作中群众反映强烈并具有共性特征的问题等，而未允许其可对具体个案进行直接干预。这是因为，刑事案件的办理是一项对专业性、程序性、逻辑性要求很高的工作，如未接受过专门法律知识学习、缺乏司法办案经验及不明司法办案程序的人员则不能对案件如何处理作出符合法律真实的准确判断。不

---

[1] 习近平. 决胜全面建成小康社会 夺取新时代中国特色社会主义伟大胜利——在中国共产党第十九次全国代表大会上的报告[N]. 人民日报, 2017-10-28（2）.

仅如此，现代法治国家将程序公正作为重要的价值取向，这就要求司法机关应当严格按照法律规定的程序作出正确的实体处理结果，而不允许人大及其常委会超越法定程序要求司法人员改变已形成的判断思路或者要求其另行再次裁断，否则将因违背司法规律导致大量错案的产生。即便在人大干预之下能够得到符合实体正义的处理结果，但也会因司法过程未体现程序公正而招致社会公众对于司法工作的质疑。除此之外，如部分案件与人大代表、人大常委会委员有些许关联或直接利害关系而又向法检机关施加压力，这种做法不仅是对司法权依法独立公正运行原则的违背，更不符合人大决议制度的要求。为确保人大对司法机关进行有效监督，在监督过程中应注意遵循以下几项原则："第一，依法监督的原则。各级人大及其常委会应当依照宪法和法律规定的权限和程序进行监督。第二，集体行使职权的原则。各级人大及其常委会实行集体负责制，按照民主集中制的原则，集体行使职权。第三，不包办代替的原则。人大及其常委会监督人民政府、人民法院、人民检察院的工作，但不代替"一府二院"行使职权，而是监督督促和支持"一府两院"更好地依法行使职权。"[1]笔者认为，以上三项原则较为清晰地表明人民代表大会不能直接干预司法机关办理案件，但并非不能监督办案，而是可以通过对司法机关进行走访调研、执法检查、听取汇报、罢免徇私枉法与滥用职权，来支持并督促司法机关依法公正行使职权。正如张文显教授所言："监督就是保证，人大对法院工作的监督，根本目的是保证宪法和法律的实施，保证人民法院司法为民、公正高效。监督也是支持，人大通过监督向人民法院提供支持，支持人民法院抵制地方保护主义、部门保护主义、特权保护主义的干扰和影响，这对于树立人民司法的权威，维护法制的尊严和统一，具有特殊的重要意义。"[2]

---

[1] 傅旭.李鹏在浙江进行立法调研强调加强人大监督工作[N].人民日报，2001-04-13（01）.
[2] 张文显.监督是保证也是支持[J].中国人大，2008（6）：45.

三、改善司法的外部环境

影响司法机关依法独立公正行使职权的外部因素主要在于司法的地方化,而其根源是法检机关的人、财、物等"命脉"都掌握在地方党政机关手中,在这种情况之下,司法机关难以摆脱地方的影响,很难不出现地方对司法进行干预的现象。应当说,司法地方化不仅将破坏国家法制统一,损害司法公平正义,同时也会因地方的干预使司法最后一道防线衰退而导致刑事错案的出现,故有治理的必要性。

(一)推动省级以下地方法院、地方检察院人财物统一管理

世界上多数国家为了确保审判权独立运行,在司法机关人事权方面采取中央统一管理的方式,也即无论是地方法官还是最高法院的法官均由该国的领导者或最高法院任命。而我国先前对法检人员的任命程序乃系由同级党委或政府有关部门考察后推荐至同级人大进行选举或由人大常委会任命,这就说明法官、检察官的人事"命运"基本掌握在地方党政部门手中,因而司法人员在履职时难免受限,进而有影响司法公正的可能。不仅如此,由于司法机关的经济命脉掌握在当地政府财政部门手中,办案如果受到行政部门干预,很难挺起腰杆进行有效抵制。[1]为了切实解决上述问题,党的十八届三中全会《决定》指出要"改革司法管理体制,推动省以下地方法院、检察院人财物统一管理"。[2]这实际上是排除不当干预、确保裁判正当的一个重要制度性举措。中央将"司法权是中央事权"作为司法去地方化改革的理论基础,将司法从地方政权组织关系中逐渐脱钩的改革思路应运而生,该改革策略通过将地方法院人财物管理权暂时收归省一级,使地方各级法院从人事、财物等组织方面脱离地方政权的条块关系,最终实现在中央层面对司法权的集中统一管理;同时打破原有行政区划与司法管辖区域相同的地域限制,探索设立跨行政区划的司法辖区,以司法

---

[1]万春.论构建有中国特色的司法独立制度[J].法学家,2002(3):79.
[2]中共中央关于全面深化改革若干重大问题的决定[N].人民日报,2013-11-16(1).

管辖权范围的变更突破行政权力的辐射范围，达到司法活动不受地方权力影响、干预的目的。通过重申司法权的国家专属性、司法统一性，使司法活动回归司法权运行的本质规律——审判权独立运行，以实现"努力让人民群众在每一个司法案件中感受到公平正义"的目标。[1]具体而言，在财务管理方面，省以下地方法院所需经费由中央和省级列入预算予以全额保障，省级财政部门管理省级以下地方法院经费，省、市、县三级法院均为省级政府财政部门的一级预算单位，向省级政府财政部门编报预算，预算资金通过国库集中支付系统拨付；其次，在人事管理方面，推动建立省以下法院人员编制统管制度。

（二）探索司法辖区与行政辖区的适当分离

我国司法受到地方制约是一项亟待改善的重要问题，这种制约表现于外则是司法机关的人财物要受到当地政府等部门的制约，但就其本质而言，乃系司法与行政辖区相重合所致。为有效解决这一重大难题，诸多学者对司法辖区与行政辖区应实现分离的想法都进行过详尽的分析与论证，但或是未转为实际运用或是转化效果未及预期效果。而党的十八届三中全会坚定改革决心，在《决定》中明确提出"探索建立与行政区划适当分离的司法管辖制度"[2]，应当说，这一重大改革举措具有极为重要的理论指导与实践意义。从部分西方国家的司法实践来看，为确保司法独立而将司法辖区与行政辖区分离设置的做法的确起到了预期的制度效果。我国也一直在司法辖区与行政辖区的分离制度上不断探索，2014年10月，党的十八届四中全会《决定》明确指出"最高人民法院设立巡回法庭，审理跨行政区域重大行政和民商事案件"[3]，这一重要举措有力地推动了我国案例指导制度的发展。但目前巡回法庭能够审理的案件并不包括刑事案件，有学

---

[1] 郭倩. 中国司法去地方化改革理论与实践研究[D]. 长春:吉林大学, 2022: 1.
[2] 中共中央关于全面深化改革若干重大问题的决定[N]. 人民日报, 2013-11-16（1）.
[3] 中共中央关于全面推进依法治国若干重大问题的决定[N]. 人民日报, 2014-10-29（1）.

者认为若可审理刑事案件则与刑事诉讼法对"犯罪地"管辖的规定相违背。因为一旦司法辖区与行政辖区不一致,那么案件就会出现不是在"犯罪地"法院审理的程序违法现象。但实际上,这种观点是未厘清司法辖区与行政辖区概念所致。因为,这里的"犯罪地"不是一个行政区划概念,而是一个司法管辖区概念。只要是在司法管辖区内发生的犯罪行为,都可以由对该司法管辖区有司法权的法院管辖。[①]所以,可适当考虑由巡回法庭审理具有重大社会影响力、疑难复杂的刑事案件,以避免因受地方限制而出现错案的不利后果。另一方面,可适当参考西方国家司法实践经验,在设置司法机关时与行政辖区保证一定程度上的脱离。应当说,这一举措大大有利于由跨行政区划法院审理跨行政区划检察院提起公诉的案件。但也应清晰地认识到,若该举措普遍推广开来,确实存在与我国法律关于按照行政辖区设置司法辖区,地方法院院长与检察院检察长由同级人大选举并可被罢免等相关规定的冲突。为此,在暂时无法修改立法的情况下,可考虑在现有法律规定的框架之下寻求相对折中的办法,也即目前应着重推动省级以下地方法院、地方检察院人财物统一管理,待时机成熟之时再对司法与行政辖区相分离制度予以细化落实。

(三)健全干预司法登记备案制度

党的十八届四中全会《决定》中明确提出对领导干部干预司法的行为应予追究责任,对于切实维护司法公正、有效防范刑事错案具有历史性的重要意义。为建立健全干预司法登记备案制度,应注意解决三方面问题:

其一,厘清"符合程序的监督、联动司法"与"不当干预司法"的界限。简单来讲,"不当干预司法"就是指"违反法定程序的干预司法",即在法定程序内对司法活动进行的监督,是正当、合法,应予保护的;反之,对于不符合法定程序、越权过问案件的,则属于不当干预司法,应予严格禁止。然而,司法实践中,过问具体案件的方式往往都注重外部特征的合法性,基本上都是通过看似合法的"监督"方式对案件审理进行干预。如有的领导打招呼、递条子时,往往会直接指向案件的社会效果,或

---

① 陈卫东. 司法机关依法独立行使职权研究[J]. 中国法学, 2014(2): 45.

仅在被照顾对象的信件上批示要"依法办理",而不明确具体批示。这种所谓的"监督"或"联动"从结果上看可能会造成对司法的干预,但其实施过程上又很难说具有典型违反程序干预司法行为的特征,很难与对司法正当监督分清界限。其实,"监督司法"最基本的前提是尊重、保障法院和检察院依法独立行使职权,因此,在区分来自司法机关外部对案件的过问、批转究竟是"符合程序的监督"还是"不当干预司法"时,应以所谓的"监督"或"干预"是否对案件办理、裁判结果造成法外实质性影响作为判断标准。笔者认为,只要过问、批转案件行为足以对裁判结果形成法外实质性影响,就可认定为是超出合法监督范围,作为"不当干预司法"行为予以登记。

其二,设定切实可行的登记备案流程规则。为贯彻党的十八届四中全会《决定》有关要求,确保司法机关依法独立公正行使职权,2015年3月,中共中央办公厅、国务院办公厅发布《领导干部干预司法活动、插手具体案件处理的记录、通报和责任追究规定》,针对司法实践中较为典型的违法干预行为,以列举式的方式纳入通报的范围内。2015年8月,最高人民法院发布《人民法院落实〈领导干部干预司法活动、插手具体案件处理的记录、通报和责任追究规定〉的实施办法》,针对法院工作实际,对两办文件做进一步细化。随后,各地法院相应出台具体实施细则。如某市中级人民法院要求案件承办人收到外部领导干部过问案件材料时,应在收到过问材料二日内填写外部领导干部过问案件信息表,录入该省电子法院内网服务平台外部领导干部过问案件系统,并在三日内将外部领导干部过问案件信息表复印件报送至审判管理部门。若收到应属于本部门接收的外部领导干部过问信息材料且需要转交的,应当先按照本部门的工作规范和流程办理,送交审判管理部门备案(填写外部领导干部过问案件备案表)后,转交审判(执行)部门,经审判(执行)部门的分管院长、庭(处)长、案件承办人逐级递转,不得直接交给案件承办人。不具有接收外部领导干部过问案件信息材料职能和权限的部门和个人,不得接收、递转外部领导干部过问案件信息材料。案件承办人不得自行接收外部领导干部过问案件信息材料;通过直接邮寄、手机短信、微博客、微信、电子邮件等方式直接到达案件承办人的，案件承办人应当按照规定填写外部领导干部过问案件信息表、录入外部领导干部过问案件系统，并将外部领导干部过问案件信息表复印件报送至审判管理部门。

其三，完善对不当干预司法行为情况通报及问责机制。在对不当干预司法行为登记备案后，法院、检察院内部管理部门应对本院登记备案的干预司法行为予以统计汇总，按照干预主体、干预行为、影响程度等，分类定期通报本院纪检监察部门、同级党委、同级人大以及上级法院、检察院。对于来自党政机关领导干部干预司法造成不良后果和社会消极影响的，应交由纪检监察机关、组织人事部门根据干部管理权限，依照有关规定对其问责，给予党纪政务处分，涉嫌犯罪的，移送司法机关依法处理。然而，若干预司法行为直接来源于纪检监察机关或其党政主要领导，纪检监察部门的问责处理则显然监督乏力。在这种情况下，人大监督的作用凸显出来，可通过人大质询制度发挥切实作用。

四、优化司法的内部环境

为确保司法权依法独立公正运行，除了需要破除"司法地方化"顽疾以外，还有去除"司法行政化"的目标有待进一步实现。可以说，存在司法行政化问题的司法机关主要是人民法院，这一方面是因审判是刑事诉讼的最后一个环节，法院作出的裁判具有终局性，可称之为是维护司法公正端末的底线。另外一方面是因"检察机关本来就是行政体制（大陆法系国家的检察一体原则是上命下从关系的行政体制，苏联的垂直领导体制也是一种行政体制），行政化对于检察机关来说危害性尚在可容忍范围。"[①]改善其内部运行机制主要应从构建"检察一体与检察官独立相结合"的办案机制着手。为有的放矢，笔者在下文将着重提出优化人民法院内部关系以有效治理刑事错案的具体方案。

---

① 张建伟.超越地方主义和去行政化——司法体制改革的两大目标和实现途径[J].法学杂志，2014（3）：38.

(一) 探索审判委员会公开机制

首先需要明确的是，法院审判委员会具有存在的必要性与合理性，因为法官尤其是基层法院的法官知识水平参差不齐，并缺少较为系统的司法培训，易被其他力量左右，而现行审委会制度的好处在于它作为一个整体，可以对部分案件发表意见，这在无形之中能够起到一定的监督制约作用，有利于在一定程度上排除外部因素对司法的干扰，抵制来自行政机关的压力。但也应看到，审判委员会讨论案件存在"审而不判，判而不审"的弊端，那么，在目前既保持审委会设置，又要对其加以制约的最好办法则是在规范审判委员会运行机制的基础之上推行审委会公开制。其一，完善审判委员会工作规则。也即明确审判委员会的主要任务在于总结审判经验，讨论决定重大疑难复杂案件以及其他重要问题。可以说，审判委员会不仅是法院的审判组织，而且讨论部分案件的法律适用及其他重大问题是其工作内容之一。各地法院为使审判委员会工作能够进一步制度化、规范化，提高议事效率和质量，纷纷出台了相应的审判委员会工作细则，以细化审判委员会职责、会议组织规则、审议事项的提交与议事程序规则、审判委员会委员履职保障及法律责任。其中，为有效解决审判委员会讨论案件缺乏亲历性的问题，可由案件汇报人根据需要采用图表、幻灯片、视频等方式进行汇报，必要时可由合议庭成员集体汇报，以加深委员对议题的理解，提升亲历性；规定委员应当事先审阅案件有关材料，了解合议庭对法律适用问题的不同意见和理由，必要时还可调阅相关案卷及庭审音频视频资料；在讨论案件时采用"末位发言制"，也即根据法院领导层级，在汇报人汇报案件之后，可由合议庭进行补充，委员就有关问题进行询问，之后委员按照法官等级和资历由低到高的顺序进行表决，最后再由主持审判委员会的院长或副院长表决并归纳审判委员会讨论的结论和理由，从而尽可能地破除行政机构对于审判委员会的权力垄断，利于在法院最高审判权力机构突出法官的主体地位，实现分权制约。其二，可构建专家人才库，为评析案件提供专业意见。因提交至审判委员会的案件一般均为重大、疑难、复杂案件，可能会涉及到医学、经济学、财会学、审计学、信息学等专业领域。为借助院外专家的智慧与力量协助合议庭审判案件，审判委员会可建立研讨案件的专家人才库，并登记造册。他们应当是当地某专门问题研究方面的专家、教授、学者、医生、会计师等。承办法官如果对某些专门性问题需要听取相关专家的分析和论证意见的，可以向审判委员会提出申请，经审判委员会同意并聘请登记在册的有关专家。[1]值得注意的是，提交给专家的文件材料不能将案件的事实认定、证据分析、法律适用表述出来，而且必须在开会当时提交给专家，对专家学者出具的意见进行记录后由其签字，其意见仅能作为合议庭评判此案的参考性意见。专家一旦就此问题提出意见并签名后即可离开审委会会议室，以避免触及到审判秘密。其三，可邀请相关人员旁听，增加司法透明度以提升司法公信力。考虑到社会环境的复杂性及审判工作的困难性，对于一部分社会影响力重大、案件争议较多的案件，审委会可以邀请相关部门的负责人、人大代表、政协委员列席会议，认真落实检察长列席同级人民法院审判委员会制度，以提高审委会会议的透明度。比如某市法院为推进司法公开、回应社会关切、倾听人民群众呼声，邀请人大代表、政协委员列席审委会。在审委会上承办法官详细汇报案件审理情况并回答代表、委员提问。代表、委员认真听取案件讨论全过程，并结合自身行业经验，充分发表对案件的理解和建议。审委会委员充分阐明观点，并经过认真细致的讨论，最终形成审委会决议。

（二）明确合议庭与院长、庭长的关系

根据我国法律规定，院庭长除了具体办理案件以外，还负责承担一定的行政管理职责。但是，"现实中，庭长、院长对审判工作的组织、协调、指导、监督的职责往往被浓缩或异化为对案件的把关权和对裁判文书的审核签发权。"[2]实际上，院庭长作为法院内部管理人员，虽然具有行政职权，但其除了作为案件的承办法官或合议庭成员以外，不应参与到

---

[1] 刘根菊，刘蕾. 审判委员会改革与合议庭权限[J]. 国家检察官学院学报，2006（1）：126.

[2] 江必新. 论合议庭职能的强化[J]. 法律适用，2000（1）：13.

具体的案件裁判中，这在相关规范性文件中已有明确规定。为切实理顺合议庭与院庭长的关系，从未来的改革方向上看，首先应明确的是，强调主审法官、合议庭负责制并不意味着否定院庭长监督管理职能或否认合议制、审委会讨论制度，恰恰相反，是通过强化、完善院庭长、审委会职能及运行程序来保证法院独立行使审判权的实现。其次，完善合议庭、院庭长、审委会职责分工，明确界定合议庭、庭长、分管副院长、审委会监督管理案件的界限，即对什么样的案件可由主审法官、合议庭决定，什么样的案件需报法官会议讨论决定，什么样的案件应报审委会讨论决定确立适当的、明确的标准，将符合法律规定的正当的监督管理行为引入程序，这样不当干预司法的行为自然就区分出来，对之进行留痕追责也有了明确依据。比如××省高级人民法院下发《审判主体及相关司法人员职责和权限清单》《合议庭工作规则》《关于组建专业法官会议的决定》《审判委员会工作规则》《院庭长办理案件的暂行规定》等系列文件，以便科学界定审判主体及相关司法人员的职责和权限，其中明确规定合议庭意见分歧较大的案件提交至专业法官会议讨论，或按程序建议提交审判委员会讨论决定；除审判委员会讨论决定的案件外，裁判文书由合议庭成员依次签署完毕后即可印发；院长从宏观上指导审判工作；庭长从宏观上指导本庭审判工作。最后，赋予法官相对独立的审判权。实际上，最理想的司法权独立运行状态应为法官的个体独立，这样才能最大化地确保司法裁判实现实体公正与程序公正的双正义。但因我国法治发展尚未达到发达程度、长期以来法官素质参差不齐、社会公众对司法审判水平还存有怀疑等诸方面原因，使得我们现在强调的审判权独立运行，乃为法院的整体独立。而构建以法官为主体的办案制度应是司法权独立运行的题中应有之义，所以，未来的改革方向应逐步向主审法官独立办案方向迈进，将依法独立办理案件的权力直接赋予承办法官，并逐渐将庭长等优质资源从行政管理权中解放出来，让其将主要精力放在承办案件、提升全庭业务水平上来。

（三）改变案件请示做法

根据我国相关法律规定，上级人民法院与下级人民法院之间是监督关系，而这种监督并不是通过案件请示的方式来实现的。人民法院有权对其正在审理的案件依法独立作出裁判，上级法院仅可依据法定的二审、再审、死刑复核等程序维持或纠正下级法院作出的判决或裁定，以实现其监督权。然而，在司法实践中，下级法院经常将其正在审理的案件在未作出判决之前报送至上级法院进行请示，待上级法院明确意见后，下级法院再行下判。理论界关于案件请示制度的存废，主要观点有：一是"全盘否定式"。即完全废除案件请示制度，下级法院不得就具体个案请求上级法院予以解答，从而从根本上剔除这种法外程序所造成的弊端。二是"继续沿用式"。即继续沿用过去的做法，按照最高人民法院已有规范性文件对之予以规范适用，在实体和程序上基本上未做修改。三是"限制适用式"。即认为在短期内，基于中国的司法现实，案件请示制度依然有存在的必要，但考虑其存在的内在弊端，应对其进行正当化改造，在程序和实体上进行必要的限制。[①]但总体而言，认为该项制度的存在是弊大于利的，如若始终保持现有状态，将与司法改革目标相违背，干扰审判权的独立行使。案件请示制度之所以出现并能够一直保持适用的状态，当然有其生成的特定语境，在这一语境下的诸多因素对我们改革方向的选择具有制约作用，但它们并不是我们反对改革的当然理由。案件请示制度在中国的法制情景下生存，是经验事实的体现，所以判断其存在的合理性价值的标准并不在于它自身是否具有逻辑性而在于事实，但如今其暴露出的诸多弊端已明确证明了其在事实上并不是完全有效的，其日渐显现出越来越多的诉讼机制功能障碍。同时，改革方案的选择取决于产生案件请示制度的几项体制和制度原因能否得到根本改善，如法官素质能否得到提高、能否形成所谓解释的共同体，法院管理体制能否克服集权化模式，司法权地方化的现象能否得到改变，司法独立于地方的体制能否形成，等等。[②]这些制度性、体制性因素，也即案件请示制度生长的外部环境在尚未得到根本性改

---

① 肖伟. 我国法院案件请示制度改革之反思与重构——以案件请示诉讼化改造为视角[J]. 南华大学学报（社会科学版），2011（4）：49.
② 万毅. 历史与现实交困中的案件请示制度[J]. 法学，2005（2）：17.

进或完善时，即便我们现在将案件请示制度予以废除，也会因司法实践的需要而产出另外一项与该制度相近的其他制度。那么，在上级法院指导下级法院工作需要的前提下，我们能够做到的应是转变现有司法观念，对案件请示制度予以适度限制或者用其他的方式来替代以确保法律统一适用的功能。首先，可设立地区性案例指导制度，由个案请示转变为宏观指导。在当前及今后的一段时间里，功能性的替代将是符合现实司法实践需要的重要途径，将视野拓宽至国外，我们可以看到，保持法律适用统一性功能在国外往往是通过判例制度或者形成"解释共同体"①予以实现，但因我国在一段时期内未必会形成法学理论背景、培训方法一致的职业"共同体"，故可采用案例指导制度来取代案件请示制度的功能。通过案例指导一方面可以较为有效地弥补成文法的缺陷、克服法律条文的抽象性弱点、削弱审级制度对于司法统一性带来的影响，从而尽可能避免在同一地域中出现"同案不同判"的问题。其次，可保证上级法院对于具体案件的监督与指导主要体现在审判业务水平以及工作方法方面，对此，《最高人民法院公报》公布指导性案例的做法值得借鉴。最后，可在移送管辖的基础之上，对案件请示予以诉讼化改造。所谓移送管辖（提级审理）模式，是指可将原本通过案件请示寻求解决的案件，用提请上级法院审理、纳入诉讼轨道解决的模式。虽然移送管辖仍然是希望借助上级法院的力量解决现有案件，但是这与案件请示制度的"法律黑户"不同，无论是法院组织法，还是三大诉讼法抑或最高人民法院《关于规范上下级人民法院审判业务关系的若干意见》均对此有所规定。通过管辖权转移的方式，使基层法院遇

---

① 所谓"解释的共同体"是指：法治社会成功的经验表明，法律家集团的力量来自于它内在的统一和内部的团结，而统一和团结并不是因为组成这个共同体的成员出身一致，而是由于知识背景、训练方法以及职业利益的一致。这就涉及到法官的选任制度、教育和培训的内容和方法、论证自身行为合理性的独特方式、成员之间的认同程度、职业地位和荣誉（social perception）等等。在这些方面获得高度一致的法律家们会自然地凝聚为一个所谓"解释的共同体"（interpretive community）。万毅.历史与现实交困中的案件请示制度[J].法学，2005（2）：12.

有"难办案件"时可申请上级法院进行审理。当然，为了避免下级法院对这一模式产生依赖心理，凡是认为自己无法处理的案件均提级审理，上级法院应制定相应方案，以规范整个地区对提级审理的适用。如明确监督指导的范围仅限于程序性和法律适用性的问题；指明可以提级审理的具体案件类型；规范提级审理程序。

第七章　落实司法责任制是全面推进错案治理之组织保障

党的十八大以来，虽然司法体制改革迈向全新的发展阶段，但仍需客观地认识到，刑事司法实践中仍存在着如何防范司法不公的问题。所以，如何做到"权责统一"是约束司法人员规范自身办案行为、防范刑事错案、维护司法公正必须攻克的难点之一。为有效破解这一难题，党的十八届三中全会、四中全会先后提出"办案责任制"的重要命题。其中党的十八届三中全会《决定》提出："完善主审法官、合议庭办案责任制，让审理者裁判、由裁判者负责"①；党的十八届四中全会《决定》进一步指出："完善主审法官、合议庭、主任检察官、主办侦查员办案责任制，落实谁办案谁负责。"②应当说，司法责任制改革是全面深化司法体制改革必须牢牢牵住的"牛鼻子"，其不仅是司法体制改革的核心，而且对于促进严格公正司法、防范刑事错案具有十分重要的意义。为更好地贯彻党的十八大、十八届三中、十八届四中全会精神以及中央司法体制改革总体部署要求，我国出台了一系列有关于司法责任制的重要规范性文件，党的十九大以来，更是将"司法责任制"提升至新的高度。总而言之，推进司法责任制改革，是党中央精准把握司法规律、直面改革难点而作出的重大部署，在严格落实的基础之上有待进一步深化与完善。

---

① 中共中央关于全面深化改革若干重大问题的决定[N]. 人民日报, 2013-11-16（1）.
② 中共中央关于全面推进依法治国若干重大问题的决定[N]. 人民日报, 2014-10-29（1）.

一、正确解读司法责任制

所谓"责任",在现代汉语中主要有两层含义:一是指社会道德上,个体分内应做的事;二是指没有做好自己工作,而应承担的不利后果或强制性义务。前者系积极责任,后者系消极责任。司法责任制,又称之为办案责任制,是指司法人员应当对其承办案件所作决定负责,对于因自身过错而导致案件出现错误的,应当承担相应责任的制度。其一,司法责任并不等同于法律责任。张文显教授认为:"法律责任是由于侵犯法定权利或违反法定义务而引起的、由专门国家机关认定并归结于法关系的有责主体的、带有直接强制性的义务,亦即由于违反第一性法定义务而招致的第二性义务。"①比如,检察官依据法定程序公正处理案件是其第一性义务,而若其故意实施放纵嫌疑人、伪造证据等行为,抑或因重大过失致使案件在认定事实、适用法律等方面出现重大错误的,此时因其已违反第一性义务,由此招致应承担"法律责任"的第二性法定义务。第二性法定义务即为国家对其滥用司法权力或违反法定义务所进行的否定性谴责。从相关规范性文件来看,规定司法人员应承担的审判、检察责任主要分为三个层次,若构成法律责任,则将犯罪线索移送司法机关处理;若构成纪律责任,则由纪检监察机构依照有关规定和程序办理;若构成岗位责任,则给予停职、延期晋升、调离司法办案工作岗位以及免职、责令辞职、辞退等处理。司法实践中,法院系统内部还存在着其他类型的责任追究方式,如案件质量责任追究、案件发改责任追究等。其二,司法责任并不等同于错案责任。笔者在前文将错案定义为刑事司法主体在刑事司法活动中因事实认定错误或适用法律错误、或违反诉讼程序而侵害相关当事人权益的案件,也即存在事实认定、适用法律、违反程序情形的案件即属于错案,但并非只要构成错案就要由办理案件的司法人员承担错案责任。因为一方面,司法责任制中"责任"作为严格的法律术语,并不等同于错案导致的责任。由于法官基于证据认定的事实(法律事实)并不一定就是事实真相

---

① 张文显.法律责任论纲[J].吉林大学社会科学学报,1991(1):2.

（客观真实），这种差异和出入就导致出现衡量案件的两个标准：法律标准和事实标准。[1]另一方面，错案责任主要是一种结果责任，而司法责任主要规制的是司法人员的行为规范，也即强调行为责任，所以结果如何并非是考量司法人员应否承担司法责任的全部要素。司法人员在执法办案的过程中存在失职行为并不一定会导致刑事错案的出现，但若因其故意或重大过失而产生了刑事错案则将受到否定性的评价并承担相应的司法责任。而且倘若只要出现错误的案件即追究司法办案人员的责任，则会给司法人员带来严重的恐慌心理，可能会出现不敢办案、转移责任、影响公正等诸多不利后果。其三，司法责任并不等同于法官、检察官责任。根据相关规范性文件的规定可知，在目前司法改革的初期阶段及司法人员的执业能力有待提升的背景之下，司法机关的部门领导等仍有监督管理的必要性及负有相应职责，但也需注意的是，为了保证法院院庭长、检察院检察长及部门负责人具有管理的积极性，对其监管责任不宜规定得过于严格，应当以"造成严重后果"作为其承担责任的要件。

二、科学建构司法人员选任、退出与保障机制

刑事错案的出现是对公平正义的巨大破坏，若不妥善加以应对，不仅是对公民权利的损害，也将严重阻碍刑事工作的开展。认真汲取刑事错案的教训，需要把好刑事诉讼的每一道关口，确保办案质量。而司法人员的法治信仰、业务能力与道德品性在很大程度上决定了案件办理的质量。若司法人员素质底下、道德弱化、信仰缺失，将给国家、社会及人民群众带来极大损害。所以，推进司法人事制度改革，是司法机关依法公正办案的重要前提与人才保障。

（一）健全司法人员职业选任制度

因为检察官的身影贯穿整个诉讼，是刑事诉讼全程的"主宰"[2]，"由此决定了不少刑事错案都与检察活动相关：不是在检察环节上发生，

---

[1] 陈希国.司法责任制中的"责任"应如何理解[N].人民法院报,2017-3-31（2）.
[2] 董坤.检察环节刑事错案的成因及防治对策[J].中国法学,2014（6）:221.

就是在检察环节上发展"。①而如果说法院是维护社会公平正义的最后一道关口,那么法官则是这一关口的守护者。所以,对于司法人员的各方面要求必然要高于其他职业。若要确保司法人员具备较高素质,就需要依靠严格规范的司法准入制度。英美法系国家一般以"年长""经验""精英"作为选拔司法官员的重要标准,不仅如此,英国的法官原本是由英女王任命,但因对女王的任命是由英国首相或者司法大臣提出的建议所引导,也就相当于任命法官的权力实际掌握在司法大臣手中。考虑到任命法官机构的中立性及透明性,英国于2005年通过《宪法改革方案》,逐渐由法官遴选委员会掌握任命法官的主动性,委员会的成员按照比例从法官、学者、无政治倾向的政府官员以及民众中进行挑选,司法大臣仅可以对遴选委员会的建议作出一定的批驳。大陆法系国家则采用"法律职业一体化"的方式选任司法官员,而且,德国联邦宪法法院、高级法院、州法院针对法官遴选采用不同的程序。其中州法院的法官,经法官选任委员会选拔后与司法部共同对其任命;高级法院的法官主要来源于州法院,经各州推荐之后由法官选任委员会投票决定;联邦宪法法院法官则从议会下议院及立法委员会中选拔,候选人不仅需要具备法官的资格,同时还对其考察政治能力,也即其是否可以代表议会的利益。后来,大陆法系部分国家为了学习英美法系国家选拔法官的先进之处,也在其选任法官时增加了资历要求。如日本实行司法改革后,强调法官必须具备一定的实务经验,并开始从律师、法学教授中挑选法官。出任高等法院法官必须担任过10年以上助理法官、简易法院法官、检察官、律师、法学教授等职务。最高法院的法官应当由具备良好法律素养的40岁以上的人担任,只有担任高等法院法官、检察官、律师、大学教授累计达10年以上至20年以上,才能出任最高法院的法官。最高法院法官任期10年后,在众议院议员举行选举时,应交付国民审查,以决定其是否合格。②对比英美法系国家与大陆法系国家法

---

① 李建明.刑事错案的深层次原因——以检察环节为中心的分析[J].中国法学,2007(3):31.

② 王利明.司法改革研究[M].北京:法律出版社,2001:408.

官遴选的条件及任命的程序可以发现,不同之处在于:一是因英美法系判例法的司法传统,使得对法官的要求与其是否具有律师职业经验及相关业务素质等具有直接关联性,而大陆法系国家基于成文法的传统,则更多注重法学专业的资历,需要通过国家统一考试以及实习锻炼才可成为法官,且法官均是逐级晋升,而不像英美法系国家的法官可以不受法院级别的限制;二是英美法系国家几乎没有法律职业共同体的概念,一般只有律师中的精英才能成为法官。而在大陆法系国家则对法官、检察官、律师等采用统一选任标准;三是英美法系国家只有已被任命为法官的人才能进行职业培训,不存在淘汰的现象,而大陆法系国家,在参加培训的过程中仍有被淘汰的可能性,只有通过培训者才能成为法官等法律职业者。虽然英美法系与大陆法系国家在司法人员遴选程序上存在一定差异,但其共同之处在于两大法系对于法官的选任标准都是非常严格的,并与其他公职人员有所区别,需要其具备精湛的业务能力、丰富的司法经验及高尚的司法品格;在遴选机构上均将中立性及针对性作为改革的方向,且遴选的程序充分体现出公开与民主;任命法官具有层级性与统一性。[1]

我国在确立司法人员准入制度模式时,不仅要立足于我国国情,同时也应借鉴其他国家的先进经验,而建构职业化的选任制度尤其是推行员额制改革即是确保高素质司法队伍建设的前置关口。国家在本次司法体制改革中从司法人力资源配置的规律出发,将法官、检察官员额比例严格控制在中央政法专项编制的39%以下,这是考虑到法官、检察官队伍相对庞大,而且素质参差不齐,一部分虽然具有法官或检察官身份的人员却无能力办理案件的司法实际。所以,为切实推进司法人员的职业化、专业化、精英化建设,须将真正成为法官、检察官的人数降下来,让真正有能力办理案件的人员享有法官、检察官职业尊荣,这是提升案件质量、有效治理刑事错案的重要人力保障。首先,在法官、检察官选任时应当严格遵循三个标准:一是具有专业能力。这是能够胜任司法人员角色的基本要件,更是确保公正司法的重要前提。对此可考虑将检察官、法官的学历要求提升

---

[1] 张建伟. 刑事司法体制原理[M]. 北京: 中国人民公安大学出版社, 2001: 282-288.

至正规高等院校法律专业本科以上学历。二是具有实践经验。考虑到法律的应用科学性质，若无对社会现象有一定的了解就无法真正理解法律的要旨，所以可在法官、检察官选任时增加一定的经验阅历要求。未来在进行员额法官、检察官选拔时，可要求进入法检机关的人员须经过3—5年的见习，并在见习期间定期对其进行系统性培训，之后通过申请并经过严格的考试与考核，才可取得担任法官、检察官的资格。三是具有道德修养。日本学者大木雅夫曾言："法官非有良知不能表现出正义"，"对他们的资质不仅要求具有法律知识，而且特别应有广博的教养和廉洁的品质。"① 这就说明，在选拔法官、检察官时必须强化对其平日工作表现、为人品性、廉洁自律等方面的考核。其次，拓宽员额人选渠道。在员额法官、检察官的遴选工作中，一条路线是在坚持入额条件的基础之上从未入额的优秀法官、法官助理、检察官、检察官助理中选拔法官与检察官，另外一条路线则是如上海、广东等地，从律师与法学专家中公开选拔法检机关人员。最后，严格法官遴选程序。对所有申请入额的法官、检察官一般采取"考试+考核"综合评定的方式进行，并以考核为主、考试为辅，按考核占60%、考试占40%的比例合成综合成绩。考试统一委托第三方命题和阅卷，主要测试法官、检察官实际办案能力和审判、检察工作经验；考核应立足于办案数量、办案质量和职业品德，确保具有过硬政治素质、较高专业素养、丰富职业经验、良好职业操守、能够独立办案的精英骨干法官、检察官选任到员额内。同时，应拓展法官、检察官的上升渠道。法官、检察官在中基层法检机关任职达一定年限后，根据其工作业绩可逐级晋升至高级与最高法检机关，高级与最高法检机关的法官、检察官一般不从初任法官、检察官中选拔，而是由下级法检机关的法官与检察官逐级晋升产生。

（二）健全司法人员动态管理机制

就当前情况而言，员额法官、检察官的退出机制主要有三种：一是自然退出，即因退休、身体状况、死亡等原因而退出员额法官、检察官行

---

① 大木雅夫. 比较法[M]. 范愉, 译. 北京：法律出版社, 1999: 318.

列；二是主动退出，即因申请调离办案第一线、工作调动、离职、辞职等原因而退出员额法官、检察官行列；三是被动退出，即因绩效考核被评定为无法胜任办案工作、存在违纪违法行为而受到处罚、调离现岗位等原因而退出员额法官、检察官行列。为了使员额法官、检察官退出机制更加科学合理，还需在以下三方面进行完善：一是强化立法规定，也即设计统一规范并具有可操作性的员额退出相关制度。因为退出机制关系到员额法官、检察官的切身利益，必须审慎地公平公正对待，通过立法的顶层设计，明确员额法官、检察官的退出办法，并对退出员额的指导原则、具体情形、退出程序、后续安排、权利救济等内容作出清晰的规定，以利于员额退出工作的良好开展。二是建立健全员额法官、检察官向其他岗位流动的机制。虽然员额法官、检察官制度设计的初衷是为了突出检法人员的主体地位，便于集中精力打造专业化、职业化、精英化的法官与检察官，但是，在司法实践中，也确实存在现有员额法官、检察官因个人原因而作出其他职业选择或者单位根据工作需要而将员额法官、检察官调入其他岗位的情况，针对此类情况应给予应有的重视，并设计符合法检机关职业特性的岗位流动机制，即根据员额法官、检察官的个人申请或单位工作实际适当调整其现有工作岗位，慎重启动员额法官、检察官退出程序，并在员额缺位时，及时启动增补程序，充实一线办案力量，以妥善解决员额法官、检察官向其他岗位流动的问题。三是合理设计绩效考核。此部分内容笔者将在接下来作详细阐述。总而言之，建立健全司法人员能上能下的动态管理机制，不仅可补充员额法官、检察官退出之后的缺位，又能最大限度地激发法官、检察官积极办案的内生动力，以形成管理司法人员的良性运转机制。

（三）健全司法人员职务保障机制

依法治国的全面推进及刑事错案的有效治理不仅需要高素质强能力的司法人员尽职尽责地不懈努力，而且对司法人员依法履职进行全面有效的保护也是司法人员履行法定职责不可或缺的重要基础。应当说，建立健全司法职务保障机制不仅可以使司法人员能够减少或免受来自社会各方及内部体制的压力与干扰，也不会使其因为经济拮据而受到非法利益的诱惑，确保其依法履行职责的同时也有利于维持对司法人员高素质的要求，此外，赋予司法人员一定的履行职务责任豁免权，还可促使其更加安心地依据法律与自身司法经验等处理案件。总而言之，司法人员依法履行职务只有得到充分有效的保障，才能够做到勇于担当、排除干扰、不徇私情、始终忠于宪法与法律、公正司法。一些西方国家经过多年的探索，基本已建立起一套相对完整且行之有效的保障机制，主要包括严格的法官任用制、高薪制、退休制、不可更换制、专职及中立制、免受民事起诉豁免制、惩戒制等。党的十八届四中全会《决定》明确提出"建立健全司法人员履行法定职责保护机制"[①]。随后，为了贯彻落实《决定》有关要求，有关部门出台相应实施细则，体现国家对司法人员职务保障问题的高度重视。2017年9月，第十二届全国人民代表大会常务委员会第二十九次会议对《中华人民共和国法官法》《中华人民共和国检察官法》进行修正，以修正后的《中华人民共和国法官法》为例，在法官任职的学历条件和工作年限、逐级遴选机制、明确法官惩戒委员会及其职责、设立法官权益保障委员会、强化保护法官及近亲属人身权利、按照法官等级享有工资福利等方面作出规定或完善。

为更进一步健全司法职务保障机制，笔者认为，可从职业权力保障、地位保障、收入保障、安全保障、监督保障等方面予以完善。其一，加强职业权力保障。即司法机关为抵御司法行政化与司法地方化的不当影响，可确立司法职务豁免制度，保障司法人员只要认真履职，即便案件结果因受其他客观外在因素的影响而出现错误，也不会追究司法人员的责任。其二，加强职业地位保障。即司法人员一旦被任用，除其工作岗位正常调动以外，未经法定程序，没有法定理由，不得对其辞退、免职、降职、处分等，以维护司法人员职业尊荣，支持司法人员秉公执法。比如在美国，要弹劾一名联邦法官，除因叛国罪、贿赂罪或者其他重罪和轻罪，或者法官未忠于职守（如职务上的故意妄为，故意并且坚持不尽职责，习

[①] 中共中央关于全面推进依法治国若干重大问题的决定[N]. 人民日报, 2014-10-29（1）.

惯性的品行不端，以及其他破坏司法行政，使司法机关声名狼藉等）的事由外，还须经严格的弹劾程序并经参、众两院通过，才能剥夺其法官资格。[①]其三，加强职业收入保障。即检察官、法官应享有相对较高的经济收入及物质保障。我国地域广阔，各地经济发展水平不一致，导致部分偏远地区、经济欠发达地区的检察官、法官可能连基本工资待遇都无法得到有效保障，这大大不利于其专心履行原本压力已很大的司法工作，感受不到司法人员那种职业本身带来的荣誉感与神圣感，同时也在某种程度上弱化了司法人员抵御外在利益诱惑的自律能力。从其他国家的实践经验来看，一般均给予司法人员相对其他公务人员较高的薪酬及其他待遇。例如，在美国，据一项调研结果显示，2002年联邦地区法院法官的税前收入为15万美元，上诉法院的法官收入为159900美元，最高法院大法官的年收入为184400美元。破产法官和审裁法官的年收入比地区法院的法官要少10%左右。远远超过2004年美国公务员人均薪酬约7万美元的水平。又如在日本，法官的月工资最低等为93.7万日元，与处长级公务员之工资水平相当。[②]因而，当前极其需要提升国家财政对于法检机关的资金支持，通过实行"高薪养廉"，确保司法人员心无旁骛地认真履职。其四，加强职业安全保障。即检察官、法官正当履行职务行为不应受到任何形式的打击报复、诬告陷害等安全恐吓威胁。司法人员在履职时除了应有安全防护意识以外，还需认真做好当事人及其家属的心理疏导工作，与此同时还应进一步细化司法人员职业安全保障制度，让安全保障切实落实到位。其五，加强职业监督保障。即检法机关通过建立符合司法规律的内部监督机制，不仅对违法违纪的司法人员进行严肃处理，而且也要保障其享有救济的权利，从而强化对司法人员的约束及提升其自律能力。

---

① 卡尔威因·帕尔德森. 美国宪法释义[M]. 徐卫东, 吴新平, 译. 北京: 华夏出版社, 1989: 138-140.
② 陈光中. 比较法视野下的中国特色司法独立原则[J]. 比较法研究, 2013（2）: 12.

三、妥善运用司法责任制的倒逼机制

司法行为作为一种"集合性"的概念，其总是与社会公众的生产生活息息相关。既然司法权是人民赋予的，那么也应当受到人民的监督，在这种监督之下，司法人员通过严格规范自身司法行为以作为司法责任的重要保障。而在诸多司法行为中，尤以刑事司法行为的失范更易触及公正的底线，因为刑事案件直接关乎到人民群众的生命财产安全，若有丝毫的司法行为游移均可能导致无法弥补的严重后果。所以，严格规范司法行为是有效治理刑事错案的重要方式。以法院为例，可通过设置法官、审判主体（合议庭、审判委员会）、相关司法人员（院长、副院长、审判委员会专职委员、庭长、副庭长、法官助理、执行员、书记员等与审判、执行活动相关的法院工作人员）权力与职责清单，明确其各自职责与权限；按照内设机构与扁平化管理相结合、分工专业化与人案均衡化相结合、自我管理与审判管理相结合的原则建设有利于实现司法专业化和人案均衡化的审判执行团队，形成以员额法官为核心并以落实司法责任制为根本的监督管理体系；制定合议庭工作规则、专业法官会议工作规则、审判委员会工作规则等相关工作指引，规范各类人员的履职行为；进一步完善院庭长直接办理案件工作机制，探索承办或者参加合议庭审理重大、疑难、复杂案件是进入法官员额的院长、院级领导、庭长的重要审判工作职责；改革裁判文书签署机制，院庭长不再对自己未参加审理的案件裁判文书进行审核签发，其审判管理和监督权主要体现在对重大、疑难和新类型案件的指导监督、程序事务的审查批准、审判经验的总结与裁判尺度的统一等方面。[①]

四、严格落实错判责任追究制度

应当说，司法质量是司法的生命。党的十八届四中全会《决定》提出

[①] 李少平. 深刻把握司法责任制内涵 全面、准确抓好《意见》的贯彻落实[N]. 人民法院报, 2015-9-25（2）.

"实行办案质量终身负责制和错案责任倒查问责制"[①]，即是对司法人员严格依法办案、精准把握案件事实、合理适用法律的督促，从而切实提高案件质量，防范刑事错案的出现。以法院为例，为加强对审判质量的监督与管理，全面、客观评价法官办案质量，落实司法责任制，可采用常规评查、重点评查、专项评查和双向评查四种评查手段促使审判质量与审判效率的提升。其中常规评查是指对本院审结、执行完毕案件的卷宗质量进行的评查。重点评查是指对可能存在质量问题的个案进行的评查。评查范围包括被发回重审和改判的案件；被再审改判的案件等。专项评查是指根据审判及执行工作的实际，对已审结、执行完毕的某类案件或专项活动进行的专门性评查。评查范围包括上级法院或有关机关要求专项评查的案件；对本院各部门的庭审（包括听证）活动进行专项评查；对各类裁判文书进行专项评查等。双向评查是指下级法院在收到上级法院改判或因审判程序违法发回重审的案件的评查通知之后，应当及时进行评查。若下级法院经审判委员会讨论认为上级法院案件发改不当的，应在形成评议笔录、评查报告、审判委员会讨论笔录、评查结论之后，上报至上级法院。

按照层次对案件质量责任分为违法审判责任、差错责任、无责任。其中违法审判责任则是法官在审判工作中，故意违反法律法规，或者因重大过失导致裁判错误并造成严重后果而需承担的案件质量责任；差错责任是法官在审判执行过程中由于主观意识、工作责任心、作风纪律、能力素养等因素，致使所办案件在诉讼程序、认定事实、适用法律、文书制作等方面出现差错但未造成严重后果而需承担的案件质量责任。

在差错责任中，根据法官主观差错程度，又可划分为瑕疵差错责任、一般差错责任及重大差错责任。例如《某市中级人民法院案件质量监督管理及责任追究暂行办法》规定瑕疵差错责任主要有八项内容：（1）未按法定方式和期限送达案件受理通知书、起诉状副本、答辩状副本、传票等诉讼文书的；（2）延期开庭不符合规定或者未按规定办理审批手续

---

①中共中央关于全面推进依法治国若干重大问题的决定[N]. 人民日报, 2014-10-29（1）.

的；（3）当庭宣判的案件未在法定时限内送达判决、裁定书的；（4）庭审、合议、调解等笔录出现常识性错误，或者审判人员、书记员以及当事人应当签名而未签名的；（5）法律文书出现文头与内容不符，或者文书样式、案号、当事人、重要数据、法律条款、合议庭组成人员、印刷等错误未及时更正的；（6）审判流程、信息录入或卷宗装订等工作失误，致使审判卷宗缺项、内容不完整的；（7）上网文书出现错误，造成不良影响的；（8）本院或上级法院认为应当认定瑕疵差错责任的其他情形。一般差错责任主要有八项内容：（1）具有法定回避情形，未依法自行回避的；（2）应当质证、认证的定案证据因疏忽未经质证、认证的；（3）认定事实与庭审笔录记载内容不一致；（4）调解书与调解协议内容不一致；（5）未履行延期报批手续，导致案件超审限过长的；（6）暂缓执行、中止执行、终结执行不当的；（7）审判卷宗整理不规范，导致审判秘密泄露的；（8）本院或上级法院认为应当认定一般差错责任的其他情形。重大差错责任主要有十一项内容：（1）错误追加或错列、漏列当事人，导致案件被改判或发回重审、提起再审的；（2）案件定性明显错误，导致被改判或发回重审、提起再审的；（3）案件主要事实认定错误或认定明显不清以及作为定案依据的主要证据不确实、不充分，导致案件被改判或发回重审、提起再审的；（4）因当事人申请或法院依职权应当对影响案件主要事实认定的证据进行鉴定、勘验、查询、调查核实，或者应当采取证据保全措施而未予进行，导致案件被改判或发回重审、提起再审的；（5）对鉴定、评估结论依据明显不足而予以采信并作出错误裁判的；（6）违背当事人自愿原则进行调解，导致不良后果的；（7）法律文书裁判结果与合议庭评议意见、审判委员会讨论决定意见不一致的；（8）裁判内容超出或者遗漏当事人的诉讼请求，或者判非所诉的；（9）明显超范围、超标的或者重复查封、扣押、冻结当事人财产，造成当事人严重损失的；（10）错误执行被执行人或者第三人、案外人财产，造成不良后果的；（11）本院或上级法院认为应当认定重大差错责任的其他情形。

在无责任中，一般区分为两种情况：一种是法官对于法律条文的理解与认识不一致，或对案件基本事实判断存在争议，但在专业认知内运用证据规则能够合理解释的不应认定为案件质量责任；另一种是因出现新证据、法律修订或政策调整、当事人过错等非法官主观过错的客观原因出现致使案件被发回重审或予以改判，不应认定为案件质量责任。应当说，常规评查、重点评查、专项评查和双向评查这四项评查办法均是事后责任的具体表现，而在司法责任中还存在事前预防责任，即司法人员在明确某一良好目标之后，会通过积极主动承担义务的方式而取得满意的结果。比如法院针对发回重审或改判案件进行业务指导，采取庭审观摩质量评查等方式，既是履行事先预防义务的良好体现，也是责任追究的有益补充，对于案件质量的提升将有所裨益。

五、优化绩效考核制度

不可否认的是，我国长期存在的"拘留数""起诉率""结案率"等考核指标，其设计的出发点都是善意的，希望运用这些明确的考核指标提升办案效率，调动工作积极性，防止拖拉散漫，确保工作任务圆满完成。但是，因部分指标的设定缺乏合理性、科学性、规律性，使得公安司法机关为了完成指标而脱离刑事诉讼维护正义、保障人权的主旨要义，客观上助长了先入为主、急功近利等不正风气。针对这一严重问题，2015年，中央政法委要求中央政法各单位和各地政法机关对于各类与执法司法相关的考核指标进行全面清理，取消刑事拘留数、起诉率、结案率等不具有合理性的考核项目。应当说，这一重大决定是符合司法规律的正本清源之举，是顺应历史潮流的众望所归之方，将促使政法系统走出"数字化陷阱"的困扰，用符合刑事诉讼规律的考核方式管理政法干警，以从源头上减少刑事错案发生的可能性。

其一，理性设置公安刑事执法考核机制。在2015年中央政法工作会议之后，公安部相继发文指出应确立更加科学合理的考核指标体系，坚决取消破案率等不科学、不合理的考核指标，增加案件当事人对于公安机关接案、受案、立案等工作满意程度的评价比重，从而运用正确的考核机制明确激励的鲜明导向。有关部门亦通过发布规范性文件的方式对规范执法办案体系、实现执法行为标准化与执法管理系统化提出新的要求，让人民群众在每一起案件办理中都能感受到公平与正义。实际上，指标作为一种管理的媒介，本身具有直观可视、数字清晰等特点，从某种程度上能够与国家开发运用大数据的新时代背景相契合。在当下，对于具有行政体制的公安机关而言，一蹴而就地取消所有考核指标并不现实，从遵循高度重视指标到相对弱化指标再到完全去除指标是一个循序渐进、不断完善的过程，在未有更好监督方式的情况下，对公安干警进行指标考核仍然是最佳的监督管理方式之一。只不过需要注意的是，考核指标仅仅是考评公安人员的一种工具，不能将其提升至关键位置，最终的核心目的应当是如何充分发挥公安干警的主观能动性，提升自身执法水平与业务能力。对此，"法治化"的考评方式应是最佳的合理选择。所谓"法治化考评"是指考评主体以法治理念与正当程序标准对公安机关刑事执法质量进行考评，摈弃仅注重考评排名而忽视考评背后的执法问题的观念与做法，使得考评真正起到发现当下刑事执法问题，提升民警的执法能力，促进执法法治化的作用。[①]其主要分为三个层面：一是考核主体的中立客观性。可考虑运用检察机关介入监督的方式对公安机关进行考核监督，成员由人大、政法委、公、检、法等相关人员组成。由检察机关牵头组成考核领导小组不仅于法有据，符合检察机关法律监督的职能作用，而且公安机关办理案件的质量高低直接受到检察机关审查案件的评判，这样不仅有利于节约监督成本，也可有效掌握公安机关办案质量，逐渐改变过去"以侦查为中心"的诉讼格局。不仅如此，在时机成熟的时候，可以适当邀请社会公众、辩护律师一同参与考核，从公众的视角对公安机关执法办案提出建议与意见。二是考核指标的科学合理性。可以通过设置正面与负面两级考核的办法，不仅考核办案机关办理正确的案件，又考核其所办理的不正确案件。同时还可建立相应的追责问责机制。三是强化过程管控。监督考核是一个持续性的过程，需要实时跟进与管理，对此可采用月度考核、季度考核与年终考核

[①] 贺小军. 效果与反思：公安机关刑事执法质量考评机制实证研究[J]. 法学家，2017（3）：84.

相结合的方式。而为减少过多考核给干警带来的不必要负担,在月度考核与季度考核时,可由该单位内部组织人事部门针对该月度、该季度干警完成工作任务情况及取得的相应成绩或出现的工作失当进行评分,在年度考核时再采取360度多主体、全方位、深层次的方式对干警全年工作进行客观评价,并将月度、季度考核评分作为其中一部分考察因素。通过考核机制的合理设置,最终达到公安民警理性平和执法办案的良好目的。

其二,科学设置检法系统质效考核方案。从符合司法规律的角度出发优化监督管理,通过制定法官与检察官的权责清单,明确职权边界,运用案件质量评估、司法业绩考核等方式,既能逐渐消除以往不合理考核指标对法官与检察官的不当束缚,又能对其做到良好的全程监督,提升办案质量与效率。对此,检察机关发布相关规范性文件,要求在设计考核指标体系时应当遵循检察规律,明确并非所有的检察办案活动均可用量化的方式予以体现,若单纯"以数字论英雄"将忽视司法活动的特殊性。比如,2014年海南省人民检察院取消年底对分市院、基层院的综合考核排名,把考核评价和对下指导有机结合起来,将"年终一次性考核"变为"每月动态考核"。在法院系统中,设计审判绩效考核方案时,坚持客观公正、公开透明、突出能力与注重实绩的原则。其中上海等地法院以"多办案、办好案"为目标设计了一套"2+4"模式的案件办理权重系数,这是对科学测算法官日常工作量以提升绩效考核的有益尝试。所谓"2+4"模式是指以案由和审理程序2项为基础,以庭审时间、笔录字数、审理天数、法律文书字数4项要素为计算依据,通过比较不同类型案件审理中这四项要素与全部案件审理中四项要素的占比程度,来区分不同类型案件的适用系数。同时还兼顾了三类特殊情况:对于刑事附带民事诉讼、反诉、审计鉴定评估、涉少案件的庭外延伸工作等工作量增加的情况,则在基本系数基础上增加浮动系数;对于不予受理、诉前保全等不完全具备上述四项要素的案件,或者是被告人认罪的简易程序案件等整体工作量差异不大的案件则设定了固定系数;执行案件和财产保全案件的权重则根据案件办理中具体工作量的付出情况而灵活设定。不仅如此,考虑到法官除日常办案以外还承担着其他部分业务工作,同时也为鼓励法官积极参与理论学习与综合研讨，提升自身业务能力，可在其参加上级或同级部门组织的短期业务培训、案件检查、会议等其他工作累计时间超过1个月时，按照实际时间核减其年度办案工作量指标；同时根据各审判业务部门年度综合调研指导工作任务量换算为办案工作量基准值的下调比率，并折算成案件系数。

第八章　强化律师辩护是
全面推进错案治理之重要力量

在犯罪嫌疑人和被告人的诸项诉讼权利之中，尤以辩护权为核心。可以说，刑事诉讼制度发展的历史就是被追诉人的辩护权不断扩充的历史。[①]辩护权包含双重内容，一是被追诉人自行行使辩护权，二是由被追诉人的辩护人代其行使辩护权。然而被追诉人因其在刑事诉讼中的人身自由可能会受到限制或剥夺，加之大多数被追诉人并不具备充分的专业法律知识或辩护技巧，致使其在人身自由受到限制之后很难或根本不可能进行有效的自我辩护，而若由具备法律素养及诉讼经验的律师从维护被追诉人合法权益的角度出发，提出相应证据，分析案件事实，或是在被追诉人权利受到侵害时为其向有关部门提出意见、控告等，即可大大弥补被追诉人自我辩护能力的不足。所以，"辩护制度的价值在于它可以使个人的能力提高到某种阶段，以致能借别人的眼睛来透视真实，能够在人情、法理范围内尽量变得大公无私和摆脱偏见的羁绊。"[②]近年来，随着我国2012年《刑事诉讼法》将刑事辩护制度作为修改立法的重点内容，解决了与我国2007年《律师法》关于律师辩护规定的矛盾冲突，拓宽了辩护律师参与刑事诉讼的空间，促使律师在刑事诉讼中的地位逐渐提高。党的十八届三中全会《决定》提出："完善律师执业权利保障机制和违法违规执业惩戒制度""完善法律援助制度"[③]。党的十八届四中全会《决定》，在全面依

[①] 西原春夫.日本刑事法的形成与特色：日本法学家论日本刑事法[M].李海东,等,译.北京：中国法律出版社与日本成文堂联合出版,1997:49.
[②] 法学教材编辑部.西方法律思想史资料选编[M].北京：北京大学出版社,1983:22.
[③] 中共中央关于全面深化改革若干重大问题的决定[N].人民日报,2013-11-16（1）.

法治国总体布局中将律师工作融入其中，并对加强律师工作与律师队伍建设作重要部署。随后，国家有关部门修订相关立法并先后出台一系列与律师相关的规范性文件。应当说，在积极推进以审判为中心的刑事诉讼制度改革的大背景之下，必须充分发挥"公、检、法、司"（司是指律师）四大主体的作用[1]，其中，"辩护律师是刑事司法制度的'看门人'，刑事冤假错案的防范以及保障被追诉者在刑事诉讼过程中获得人道的对待，均期待辩护律师能够有效地发挥作用。"[2]然而，我们也需清醒地认识到，近年来已纠正的刑事错案中虽有辩护律师的身影，但是从其辩护的过程及案件最后的结果来看，律师辩护权行使的空间极为受限，侦查机关有时会阻碍律师会见、通信、调查取证，检察机关可能会在审查批捕、起诉等环节中忽视律师的意见，也可能会运用其检察手段对律师追究伪证刑事责任，审判机关更是有可能会不采纳律师的辩护意见。这些问题的出现，排除我国长期以来受到"重实体、轻程序"错误思想的影响及律师自身专业能力不强、道德素养低下的原因以外，最主要的原因在于现有的法律规范及制度设计未能保障律师进行充分的有效辩护。所以，当务之急应是进一步强化辩护律师在刑事诉讼中的地位与作用，充分发挥辩护律师在防范刑事错案上的重要作用。

一、全面实施辩护律师侦查讯问在场制度

应当说，推行辩护律师侦查讯问在场制度，不仅可以起到疏导、缓和嫌疑人心理压力，为其提供法律服务的作用，而且还可对侦查讯问行为进行监督，防止非法侦查的发生，增强口供的真实性及被法庭接受的采信度。所以，侦查讯问阶段的律师在场是英美法系国家以及部分大陆法系国家确立的一项重要刑事诉讼制度。在英国，无论是嫌疑人自行委托的律师还是政府指定的事务律师，都是侦查程序极为重要的参与者；美国联邦最

---

[1] 樊崇义, 李思远. 以审判为中心背景下的诉审、诉侦、诉辩关系刍议[J]. 人民检察, 2015（17）: 8.
[2] 熊秋红. 刑事辩护的规范体系及其运行环境[J]. 政法论坛, 2012（5）: 47.

高法院通过米兰达案等一系列判例强化了律师在讯问中的在场权。[①]我国目前关于侦查讯问律师在场制度仍处于摸索与探讨层面,如能在刑事诉讼法修订时对律师讯问在场权进行完善,这对于嫌疑人、被告人权益的保障将大有裨益。在具体设计法律条文时,可从律师在场的适用程序、案件限制、在场权利、在场方式、责任规制等方面进行考虑。

二、着力提升辩护律师程序性辩护的效能

程序性辩护是相对于实体性辩护而存在的一种具有独立性的辩护活动。只要是针对刑事诉讼程序提出的有关申请,均可纳入程序性辩护的范围。随着人权保障理念的不断强化、刑事诉讼法律程序的不断完善及律师综合素养的不断提升,辩护律师在法庭中针对被告人罪与非罪、此罪与彼罪的实体性辩护效果有所加强,而在深受"重实体、轻程序"传统观念的影响下,程序性辩护的重要性并未得到普遍认可,司法机关对律师进行程序性辩护亦存在一定程度上的抵触心理。目前,我国立法已确立了不得强迫自证其罪原则、非法证据排除规则及羁押必要性审查等程序性制度,这些制度能否良好落实需要公检法等机关的积极作为与律师进行有效程序性辩护的多重努力。所以,就未来刑事辩护制度的发展方向而言,无论是司法机关抑或辩护律师及其他社会公民,都应增强对何为程序性辩护、开展程序性辩护意义的重视程度,从刑事诉讼的源头开始直至审判环节均应对辩护律师的程序性辩护提供"保驾护航"的必要支持,以达到提早发现、纠正刑事错案的良好目的。比如在侦查讯问时,侦查人员负有告知嫌疑人有要求程序性辩护及相应的辩护准备的义务;审查起诉时,检察人员应向嫌疑人再次强调程序性辩护的相关事宜;庭审调查时,辩护律师可通过要求法官排除非法证据及申请鉴定人等人员出庭的方式,开展有效的程序性辩护。

---

① 陈卫东.模范刑事诉讼法典[M].北京:中国人民大学出版社,2005: 349-350.

三、不断完善辩护律师的调查取证权

侦查是收集、固定、保存证据的关键阶段，也是能否成功追诉犯罪的核心环节，而调查取证权应是辩护律师在侦查阶段享有的当然权利。如果辩护律师无此项权利，那么，又何来辩护人将收集证据的情况及时告知公安机关一说。而且，检察机关审查批捕、侦查终结、刑事和解时均应听取辩护律师的意见，如果其无调查取证权，即失去了提出意见的信息来源。因此，强调辩护律师在侦查阶段的调查取证权，不仅利于增加收集证据的机会与可能，而且也可对侦查机关调查取证工作起到一定的监督作用。就完善路径而言：其一，可适当放宽对辩护律师调查取证权的限制。对此可考虑在修改《中华人民共和国刑事诉讼法》时吸纳《中华人民共和国律师法》对此问题的相关规定，从而减少对辩护律师履行调查取证职责的限制，确保真正落实辩护律师的自行调查取证权。其二，可赋予辩方证据保全权。[1]因关键性证据丧失而导致错案的出现以及给日后纠正错案带来难度，所以，在刑事诉讼中确立证据保全制度具有现实性与必要性。当下，我们可考虑在刑事诉讼法中规定犯罪嫌疑人、被害人及其近亲属可以在侦查阶段或者审查起诉阶段，申请检察院保全有利于自己的证据，辩护律师或者代理律师也可以代为提出保全证据的申请；对此，除确无必要或者明显是为了故意拖延诉讼的以外，检察院不得拒绝；检察院应当及时把根据当事人申请收集调取的证据告知申请人，必要时可以通知申请人或者其律师到场。[2]其三，可增加公权力阻碍辩护人行使调查取证权时的程序性制裁措施。我国《刑事诉讼法》为保证辩护人能够顺利地依法行使辩护权，赋予其可向检察机关申诉或者控告的权利。但是，法律仍有规定不细致之

---

[1]证据保全是指证据在后续程序中存在灭失、伪造、变造、藏匿或其他难以取得的情形时，由当事人及其辩护人、诉讼代理人向专门机关提出申请后所采取的预防性保全措施。张泽涛.我国刑诉法应增设证据保全制度[J].法学研究，2012（3）：164.
[2]吴建雄.检察官客观义务的错案预防价值[J].法学评论，2011（1）：126.

处，即检察机关如果并未对其申诉或控告加以审查，或者以各种理由拖延审查进度，抑或即便进行审核但却不予处理，再或者虽然检察机关尽职尽责地履行审查义务要求侦查机关纠正侦查违法行为而其并未纠正，等等，这些问题又如何处理？笔者认为，对此可采用程序性制裁措施解决。在大陆法系国家，有关刑事诉讼行为的无效制度属于其主要的程序性制裁措施。这种通过宣告诉讼行为无效来制裁程序性违法行为的制度所适用的对象包括警察的非法侦查行为。[1]也即，如果辩护律师依法申请调取证据，而检法机关怠于履职或不当履职，导致相关证据遗失、毁灭等，可认为证明案件事实的证据不充分、不确实，从而作出不利于控方的推断。

四、大力确保辩护律师正确意见得以采纳

多数刑事错案的出现并非辩护律师未认真履行辩护职责，而是其发表的辩护意见难以被办案机关听取与采纳。在2012年修改《中华人民共和国刑事诉讼法》时为切实保障人权、维护司法公正、有效防范错案，不仅使侦查阶段律师的"辩护人"地位得以确认，而且在审查批捕、侦查终结、审查起诉、庭前会议等刑事诉讼环节中均要求听取辩护律师意见，并赋予其一定的司法救济渠道，这足以说明国家日益将听取辩护律师意见作为避免冤枉无辜的重要法律武器。为使辩护律师的正当辩护意见得到采纳，可采用系列措施予以保障：其一，扩充辩护律师在侦查阶段的相应权利。在赋予侦查讯问律师在场权的基础之上，允许辩护律师在侦查阶段会见嫌疑人、查看相关案卷材料；在侦查机关向检察机关申请批准逮捕时，如犯罪嫌疑人已委托律师或有指定的辩护律师，则应告知辩护律师提请审查批捕一事，不仅"会减少律师调查取证权的需求和冲动，缓解调查取证难的主观感受和实际困难"[2]，而且，允许辩护律师参与并见证侦查人员

---

[1] 陈瑞华.大陆法中的诉讼行为无效制度——三个法律文本的考察[J].政法论坛（中国政法大学学报），2003（5）：104-118.
[2] 顾永忠,等.刑事辩护——国际标准与中国实践[M].北京：北京大学出版社,2012：290.

获取嫌疑人口供的过程，利于侦查与辩护双方共同确保口供收集程序符合法律规定，减少嫌疑人被强迫自证其罪的可能性。其二，强化审前程序对于辩护意见的采纳。为更好地贯彻党的十九大精神，落实《关于依法保障律师执业权利的规定》，不仅要在审查起诉等审前程序中充分保障律师的知情权、会见权、申请权等各项诉讼权利，而且还要认真听取律师的意见特别是关于无罪的意见，这样才可确保在庭审过程中辩护方能够与公诉方在平等原则之下进行实质性的有效对抗。如福建省某市检察机关与司法局会签《关于在审查起诉环节加强控辩联系的暂行办法》规定，人民检察院对辩护人提出的意见，需要进行必要的核查，或者要求侦查机关补充相关证据，并在案件审查报告中说明是否采纳辩护人意见，如不采纳，要说明理由；对听取辩护律师意见的案件，人民检察院在作出是否起诉决定后，案件承办人应当在三个工作日内将人民检察院的决定以口头或书面形式通知律师。此外，公诉方与辩护方定期召开联席会议，就双方日常工作中遇到的问题进行交流。①其三，提升庭审对辩护意见的重视程度。人民法院在审理案件的过程中，对于辩护律师提出的相应观点如若未予以采纳，应当对此作出具有针对性的分析，并详细阐明未采纳的具体理由。这样既能够体现出审判权对于辩护权的尊重，同时也表明辩护权对于审判权具有制约作用。所以，"裁判者在诉讼中应当尽力抑制自己的偏见，并给予双方平等参与诉讼的机会，对于控辩双方向法庭提供的意见和证据，裁判者应当加以同等的关注和评断，并要在充分考虑控辩双方意见的基础上作出裁断。"②具体而言，法庭首先应充分发挥庭前会议的优势作用，增加律师与法庭进行沟通的机会，将律师对案件处理所涉程序问题及总结案件争议焦点的意见通过正当途径传达给法庭；其次应充分保障辩护律师的发言权，关于律师提出的被告人可能无罪、现有证据不完善或是证据之间相互矛盾的意见应得到法庭的格外重视，并认真核查；再次应按照直接言词原则的要求，法庭通过强制证人出庭等方式，促使辩方与证人等进行当庭对

---

① 樊崇义, 等. 底线: 刑事错案防范标准[M]. 北京: 中国政法大学出版社, 2015: 324.
② 谢佑平, 万毅. 刑事诉讼法原则: 程序正义的基石[M]. 北京: 法律出版社, 2002: 227.

质，由此判断证言的效力及能否被法庭采纳；最后应强化裁判文书说理。针对辩护意见，在裁判文书中应有充分的是否采纳的理由与依据，详细阐述法官作出裁判结论的心证形成过程。

五、高度重视辩护律师综合素质的全面提高

在相关法律制度及政策文件对辩护律师开展有效辩护提供更多机遇与平台的同时，也对律师自身执业能力与道德素养提出更高的要求。如果辩护律师没有能力为被追诉人发表充分的辩护意见或是其怠于行使阅卷权、会见权等辩护权利，这对于犯罪嫌疑人、被告人而言无异于"雪上加霜"。所以，一方面要求辩护律师应遵守职业道德。在律师执业过程中，不得帮助犯罪嫌疑人、被告人隐匿、毁灭、伪造证据或者串供，威胁、引诱证人作伪证以及进行其他干扰司法机关诉讼活动的行为，不能为了追求高收入而违背自身职业道德要求与内心良知，或者采取严重不负责任的工作态度敷衍了事。另一方面要求辩护律师应强化自身能力建设。律师应当通过积极参加各种学习交流班、研讨培训会等方式扩宽知识面，在提升自身办案能力的同时，加强对侦查学、法医学、心理学等方面的研究，以利于妥善应对形式多样的案件情况；律师在了解案件情况之后，应当及时制订辩护计划，详列如何提出有利于被追诉人的证据，还应补充哪方面证据，或是发现现有证据之间存在的矛盾，庭审中质证及发表辩护意见的逻辑等；律师还应提升自己在庭审交叉询问过程中的应变能力与诉讼技巧，从而为被告人提供有效辩护，防范刑事错案的出现。

六、充分发挥法律援助制度的应有作用

党的十八届四中全会《决定》中明确提出："建设完备的法律服务体系……完善法律援助制度，扩大援助范围。"[①]应当说，刑事法律援助制度乃刑事诉讼制度的重要内容之一，为促使通过辩护律师给被追诉人提

---

① 中共中央关于全面推进依法治国若干重大问题的决定[N]. 人民日报, 2014-10-29（1）.

供法律服务以达到有效预防错案出现的目的,同时也为给群众创造更加宽松的法律服务环境,应在律师制度之中赋予法律援助制度以更多的关注。其一,逐步完善法律援助制度的适用条件。一方面可考虑将"人民法院应当通知法律援助机构指派律师"的情形适当放宽,例如将"可能被判处无期徒刑、死刑的人"放宽至"可能被判处有期徒刑";可增加老年人、怀孕或哺乳期的妇女等相对弱势群体得到法律援助的机会;明确符合法律援助条件之人在刑事二审程序、死刑复核程序、审判监督程序中获得法律援助的权利。另一方面,可适当降低法律援助的申请标准。将《关于刑事诉讼法律援助工作的规定》中的"公民经济困难的标准"变更为当地公民平均工资水平,只要申请人的工资收入低于该标准,即符合申请法律援助的要求。其二,加大对法律援助机构的财政扶持力度。我国可通过对法律援助机构增加资金投入的方式,合理确定援助律师的办案补贴标准,并建立办案补贴标准的动态调整机制,使得援助律师履行辩护职责无"后顾之忧",能够竭尽全力地为被追诉人提供法律服务。其三,加强对法律援助律师履职的监督。只有切实提高法律援助律师的履职质量,才能真正起到维护被追诉人合法权益的目的,而履职质量的提高不仅有赖于律师自身业务能力与道德素养的提高,同时也需对援助律师履职进行有效的监督与控制。一种途径是建立一套既包括办案结果指标,也包括办案过程指标的案件质量评估体系来评估其工作成效;另一种途径是建立非定型化的工作关系模式,即根据援助人员已有的工作表现来确定未来是否提供指定援助的机会及援助机会的多少,并与个人津贴收入予以挂钩。实际监控中,两种方式应有机结合。[1]其四,注重值班律师作用的发挥。2006年,值班律师制度在我国河南省修武县建立试点后得到初步性的发展。2015年,我国提出建立法律援助值班律师制度,标志着法律援助值班律师制度系司法体制改革的重要内容之一,随后相关部门出台的一系列文件又进一步推动该制度的完善与发展。关于值班律师,需要明确的问题主要有三:一是明确其

---

[1] 左卫民,马静华.刑事法律援助改革试点之实证研究——基于D县试点的思考[J].法制与社会发展(双月刊),2013(1):65.

诉讼地位。有学者认为值班律师应是第三种辩护类型，实质是弥补委托辩护律师、法律援助律师在帮助被告人行使权利方面的空白地带，起到补充作用；与上述观点有所差异的是，还有学者认为值班律师制度应定位于法律援助律师和委托律师功能缺位的地方，是应急性公共服务，是特殊形式的法律援助。笔者认为，我国目前已针对被追诉人自行辩护、委托辩护、法律援助辩护设计了相应的制度体系，如若在原本体系中再行赋予值班律师"辩护人"地位，可能会与现行辩护制度产生一定程度上的冲突，那么若将值班律师理解为"法律帮助人"则较为适宜。二是建立多元化的值班律师值班机制。为确保值班律师对被追诉人提供的法律帮助能够更加全面与及时，可建立"当班制""待班制"和"名簿制"等多种值班机制共同发挥作用。其中，"当班制"是指根据法律援助机构和各律师事务所拟定的值班安排，负有值班任务的律师在某个时间段内应到法律援助工作站值班，以便随时接受看守所或人民法院的通知，为犯罪嫌疑人、被告人提供法律帮助；"待班制"是指由法律援助机构和各律师事务所根据律师本人的志愿和其给定的日期制作值班表，依该表负责当日值班的律师应在事务所或其住所等待或保证电话（手机）畅通，一旦犯罪嫌疑人、被告人或其近亲属要求律师帮助，即可当面或以电话形式向犯罪嫌疑人或被告人提供法律帮助；"名簿制"则是指法律援助机构事先把志愿做值班律师的所有律师的名单编制成册，由公检法机关或法律援助机构及其工作站向要求帮助的犯罪嫌疑人、被告人推荐值班律师。[1]同时可采取电话咨询的方式，以拓宽值班律师的服务范围并降低相应的服务成本。三是逐步拓宽值班律师提供法律服务的范围，增加其诉讼权利，并对其给予一定程度上的资金与政策扶持，促使该项制度不断完善与成熟。

---

[1] 谭世贵，练法红. 构建中国特色值班律师制度[N]. 中国社会科学报，2017-9-6（5）.

下篇 提升刑事错案治理能力

刑事错案的形成并非单个因素直接所致，而是一系列较为复杂的多重性因素复合作用的结果，那么刑事错案的治理就需要针对繁杂多样的各类因素予以展开。应当说，刑事错案治理能否取得预期效果，需要刑事错案治理体系与治理能力相辅相成，共同促进。固然，错案治理成效与我国刑事立法、诉讼制度、司法体制等的整体成效紧密相连，有了良好的错案治理体系，才能进一步提升错案治理能力，然而，也只有提升了错案治理能力，才能充分发挥错案治理体系的效用。否则，即便有相当完备的错案治理体系，如果官员与公众的素质偏低，必然会影响错案治理能力，也不可能会实现错案治理的目标。

第九章 树立科学执法理念，全面提升错案治理能力

中国历经几千年的封建社会，使得"刑讯逼供""大刑伺候"等观念在封建社会均具"合法性"，而这种文化影响深远，直至新中国成立以后的很长一段时间内。"以阶级斗争为纲"，"斗争意识"的催化加之漠视人权的司法思维惯性，使得无论施以何种手段，只要能追究犯罪、惩罚犯罪都是"名正言顺"的"正当方式"。在此情况下，公安司法人员难以做到公平、公正、客观地对待案件，也难以做到平和、规范、理性地对待嫌疑人、被告人。由此可见，"冤假错案的出现，与我们没有真正领会法治精神和人权观念淡薄有最直接的关系。"①刑事司法理念的失当乃错案产生的思想源头，那么，树立科学的执法理念即为刑事错案治理的指引与导向。只有树立科学的执法理念才能有效转化为具有建设性的错案治理实际行动。而习近平法治思想不仅是马克思主义法学中国化的理论成果，还是全面依法治国与建设法治中国的引领思想，其法治思想一般理论在全面依法治国各个领域、各个层面、各个环节均有具体展现②。其中，有关司法与司法改革的核心观点则是提出了"让人民群众在每一个司法案件中都感受到公平正义"的重要论断，这不仅是对尊重与保障人权的重视，同时也为公安司法人员树立科学的执法理念提出了更加严格的高要求。在这一科学执法理念的总引领之下，需要公安司法人员树立刑事错案可治理理念、尊重和保障人权理念、正当法律程序理念、遵循司法规律理念、依靠

---

① 孙谦. 关于冤假错案的两点思考[J]. 中国法律评论, 2016（4）: 2.
② 张文显. 习近平法治思想研究（下）——习近平全面依法治国的核心观点[J]. 法制与社会发展（双月刊）, 2016（4）: 5.

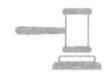

党的领导做好错案治理工作理念。

一、树立刑事错案可治理理念

刑事错案的出现无论是给当事人及其家庭，还是对司法形象与司法权威，乃至对于法治的信仰等方面所造成的伤害都是巨大的。如前文所述，因认知案件的逆向性，认知能力的有限性、技术手段的落后性等可知因素及其他不可知因素的存在，错案仍具有出现的现实可能性。特别是现如今办案人员的"有罪推定""疑罪从有"等落后观念未能得到完全根除的情况下，出现错案的概率依然较大。那么，如何科学有效地对刑事错案进行事前治理，首先需要明确错案是否可以被治理的问题。只有回答了这一问题，才能更进一步研讨错案治理的其他方面。

有关于错案是否可治理问题，在理论界有正反两方面看法。其中一部分学者认为错案不可治理，也即"无论如何精巧地设计程序，认定无辜的人有罪或相反的结果总是难免的"。[1]另外一部分学者与持有错案不可治观点的人不同，他们认为虽然无法从根本上杜绝刑事错案的出现，但是可以通过一系列有效措施尽可能地遏制错案发展态势并最大限度地避免错案出现。比如，法国学者勒内·弗洛里奥认为，既然根本杜绝这类裁判错误是不可能的，那就希望人们能更好地了解造成错案的基本原因，从而尽量避免它。[2]何家弘教授认为，不仅恶劣的侦查人员和司法人员会办错案，优秀的侦查人员和司法人员也会办错案。我们承认这一点，绝不是为那些侦查人员和司法人员开脱，而是要人们正视刑事错案出现的必然性，并认真研究其产生的原因和发生的规律，以便把错案的发生率下压到最低水平。[3]

---

[1] 约翰·罗尔斯. 正义论[M]. 何怀宏, 何包钢, 廖申白, 译. 北京: 中国社会科学出版社, 1988: 86.
[2] 勒内·弗洛里奥. 错案[M]. 赵淑美, 张洪竹, 译. 北京: 法律出版社, 1984: 1.
[3] 何家弘, 何然. 刑事错案中的证据问题——实证研究与经济分析[J]. 政法论坛（中国政法大学学报）, 2008（2）: 19.

在刑事司法领域，2013年中央政法委等部门集中出台了一系列防范刑事错案的相关文件，分别从各自的领域出发提出刑事错案的防范策略，涵盖内容广泛且全面，在理念上着重强调要把对刑事错案的防范作为绝对不能突破的底线。这就表明了，只有正确对待错案的存在，才能客观全面地正视错案的产生原因，并从中汲取经验与教训，以对其加以有效防范。虽然在防范的过程中，会牺牲一部分人的自由与生命，但这是刑事错案治理需要经历的阵痛。正如艾伦·德肖维茨所言，权利来自于人类经验，特别是不正义的经验……我们将权利建立在灾难、错误以及人类独有的从错误中学习以免再次犯错的能力上。[①]基于此，笔者认为，刑事错案的存在是具有客观性、必然性的，但是这种客观必然性的存在并不代表我们面对错案要听之任之、任其发展，而是应采取积极正确的态度，以尽力避免错案的出现，并将所发现的每一起错案都视为推动我国刑事司法体制改革的重要动力，以不断助推国家法治建设进程。

二、树立尊重和保障人权理念

权利保障是习近平法治思想中极其重要的组成部分，它既是以人民为中心、尊重和保障人权理念的体现，也是实现良法善治、公平正义的必然要求。习近平总书记强调："坚持人民主体地位，切实保障公民享有权利和履行义务"[②]，"坚持把尊重和保障人权作为治国理政的一项重要工作"[③]。保障人民权利不仅是我国全面推进依法治国的根本目的，也是法治中国建设的核心理念与实践法则。从某种程度而言，人权保障水平能够代表一国司法文明的程度。所谓人权，是人之所以为人应当享有的权利。人权作为一个涉及社会生活各个层次、各个方面的复杂系统，它是人的人身、政治、经济、文化等诸多方面权利的总称。而在庞大的人权体系

---

①艾伦·德肖维茨.你的权利从哪里来？[M].黄煜文，译.北京：北京大学出版社，2014：8.

②习近平.论坚持全面依法治国[M].北京：中央文献出版社，2020：13.

③习近平谈治国理政（第4卷）[M].北京：外文出版社，2022：269.

中，尤以人的生存、发展权最为基本、最为核心。这是因为"既然人权的本质是对现实社会实践和社会关系的规定，而在人的全部社会实践和社会关系中，满足人的生存和发展需要的物质生产实践和经济关系是基础，因此，在整个人权系统中，生存权和发展权是首要的基本人权，居于基础地位"。[1]纵观我国历史，因受到我国传统文化的深刻影响，我国古代司法文明最主要的意义则是通过惩恶扬善、定纷止争以维护统治者的至上权威，在国家本位的大背景之下，对人权特别是被认为是犯罪者的人权选择漠视，使其作为诉讼的客体，不敢讲人权，其诉讼权利更无法提起，尤其是辩解辩护的权利也被剥夺了。而现在，我们要努力创造更高水平的社会主义司法文明，那么就需要将尊重和保障人权放在突出位置，由此促使司法在法治现代化道路上走在前列。

2004年修改《中华人民共和国宪法》时，确立了"国家尊重和保障人权"的宪法原则，在该原则的引领之下，我国刑事诉讼制度与人权司法保障制度等开始逐步建构与完善。一方面，2012年新修订的《中华人民共和国刑事诉讼法》重心在于落实尊重和保障人权这一宪法原则，并在具体的诉讼制度上就如何贯彻该原则作出更加细致的规定，如遵守"不得强迫自证其罪"原则、确立"非法证据排除"规则、改革辩护制度等。从这些原则与具体制度的设置能够反映出，我国这次修改《刑事诉讼法》切实将保障人权尤其是保障被追诉者的人权作为其根本要义，这是因为刑事诉讼是一项以国家公权力追诉犯罪的活动，在这项活动进程中，被追诉者相对于强大的国家公权力而言处于较为甚至极为弱势的地位，所以，为了使原本倾向于国家追诉机关的天平能够保持一个平衡的状态，就需将国家公权力机关惩罚犯罪活动规制于法治范畴，以防止公民权益受到侵害。另一方面，党的十八届三中全会《决定》明确提出了"推进法治中国建设"的重要命题，并在其中要求"完善人权司法保障制度……严格实行非法证据排

---

[1] 陈志尚,赵敦华,李中华.人学理论与历史[M].北京:北京出版社,2004:445.

除规则"。①应当说，将"完善人权司法保障制度"作为我国司法改革的重要任务，是将尊重和保障人权这一宪法原则落到实处的重要体现。在此基础之上，党的十八届四中全会《决定》进一步将人权司法保障提升至公正司法的高度，党的十九大报告更是将人权司法保障提升至人权法治保障的层面，并将其作为依法治国、建设社会主义法治国家的重要基础。可以说，自党的十八大以来，以习近平总书记为核心的党中央，始终坚持以人民为中心的发展思想，将尊重和保障人权这一宪法原则作为治国理政的重要抓手，并将保障人权贯穿于科学立法、严格执法、公正司法、全民守法等各个环节，由此开启了我国人权法治建设的新时代。具体到刑事司法领域，为有效治理刑事错案，需要公检法三机关办案人员树立尊重和保障人权理念，以努力做到惩罚犯罪与保障人权的有机统一。其中，要求公安机关深化错案预防机制制度建设，完善执法制度和办案标准，强化案件审核把关，规范考评奖惩，从源头上防止冤假错案的发生。②

三、树立正当法律程序理念

"正当法律程序"作为一项重要的宪法原则与先进的法治理念，起源于英国的"自然正义"原则，虽然当时并未明确正当法律程序的概念，但却反映出英国在较早时期即十分重视在法律制度中体现程序正义的内涵要旨。后来，英国普通法上关于程序正义的理念在美国得到继承与发扬。根据美国学者和联邦最高法院的解释，正当法律程序可分为"实体性正当程序"和"程序性正当程序"两大理念，其中前者是对联邦和各州立法权的一种宪法限制，它要求任何一项涉及剥夺公民生命、自由或者财产的法律不能是不合理的、任意的或者反复无常的，而应符合公平、正义、理性等基本理念；而后者则涉及法律实施的方法和过程，它要求用以解决利益争

---

① 中共中央关于全面深化改革若干重大问题的决定[N]. 人民日报, 2013-11-16（1）.
② 中国人权法制化保障的新进展[EB/OL]. 人民政协网, https://www.rmzxb.com.cn/c/2017-12-15/1901477_2.shtml.

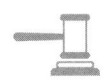

端的法律程序必须是公正、合理的。①也即，美国将正当法律程序具体分为两大理念，一方面要求应由立法规范对刑事诉讼的程序作出明确的事先规定，另一方面要求在刑事司法层面，须按照法定的刑事诉讼程序开展一系列诉讼活动。正当法律程序理念不仅广泛应用于英美法系国家，在大陆法系国家也得到了相当程度的重视，基本均将该理念确立为宪法原则，并在刑事诉讼制度中予以具体落实。比如法国1789年《人权宣言》第七条："除非在法律规定的状况下并按照法律所规定的手续，不得控告、逮捕或拘留任何人。"②该规定在1791年颁布的法国宪法中得到了确认，从而成为法国的一项宪法原则。此后欧洲大陆其他国家陆续吸收、借鉴了该规定，在自己的宪法中确立这一原则。③后来，随着时代发展，正当法律程序作为国际刑事诉讼准则之一在诸多国际公约中有所体现。

为了促使刑事错案得到有效治理，就树立正当法律程序理念方面而言，一是需要明确正当法律程序的基本要求，也可称之为底线标准。对此问题，国际标准可以作为我们的重要参考。其中《世界人权宣言》第九条至第十一条、《公民权利和政治权利国际公约》第十四条第三项、《欧洲人权宣言》第六条和《美洲人权宣言》第八条规定的如平等权、司法中立和公开、审判及时、无罪推定和反对强迫自证有罪、辩护权和获得法律援助的权利、对质权等④内容均可称之为"最低限度程序保障"或最低限度程序权利。党的十八大以来，我国在纠正一批重大刑事错案的基础之上，为有效回应社会需求，切实防范冤假错案，中央政法委等部门出台的系列文件中提出诸多正当法律程序要求的内容。具体而言，其一，应树立正当程序理念。公安机关要进一步强化程序意识，以程序公正保障实体公正；检察机关要始终坚持实体公正与程序公正并重，增强程序意识；审判机关

---

① 陈瑞华.刑事诉讼的前沿问题[M].北京：中国人民大学出版社，2011：143-144.
② 法国《人权宣言》（双语）[EB/OL].360文库，https://wenku.so.com/d/d29347df4c3c1553e625bd1874ld66ca.
③ 李昌珂.德国刑事诉讼法典[M].北京：中国政法大学出版社，1995：12.
④ 史立梅.程序正义与刑事证据法[M].北京：中国人民公安大学出版社，2003：103.

要坚持程序公正原则。其二,应严格办案程序。公安机关要进一步健全完善执法制度和办案标准,从源头上有效防止冤假错案发生;检察机关要严格规范职务犯罪案件办案程序;审判机关要切实遵守法定诉讼程序,强化案件审理机制。其三,应强化审查把关。公安机关要进一步强化案件审核把关,及时发现纠正刑事执法办案中存在的问题;检察机关要严格把好审查逮捕和审查起诉关、坚决依法纠正刑事执法司法活动中的突出问题;审判机关要严格执行法定证明标准,强化证据审查机制、认真履行案件把关职责,完善审核监督机制。二是需要办案人员转变刑事诉讼的法律观,切实运用正当法律程序办理案件,以减少错案的产生。对此问题,笔者认为应主要从三方面做出努力:其一,强化程序意识,转变"重实体、轻程序"、程序工具主义等落后观念,让正义以看得见的方式得以实现。具体而言,需要公安机关严格规范执法,严禁以不当行为收集证据;检察机关在批准逮捕与审查起诉环节应按照证据标准与法定程序,认真审查相关证据,对于嫌疑人提供的与案件有关的线索,依法调查核实;法院应坚持以庭审为重心,切实贯彻直接言词原则与审判公开原则,充分听取被告人的辩解及其辩护人的辩护意见。其二,强化证据意识。一方面要严格适用"不得强迫自证其罪""排除合理怀疑""非法证据排除"等规则,注重证据规则对于执法办案的引领作用;另一方面要坚持证据裁判原则,依据证据认定案件事实,且裁判所依据的证据必须是具有证据资格且经过法庭质证的证据,证据不适合或未经法定调查程序的,不能作为定案依据。其三,强化疑罪从无意识。"疑罪从无"是"无罪推定"原则的派生原则。应当看到,之所以刑事错案仍须防治,与办案人员"疑罪从有""疑罪从轻""疑罪从挂"等错误观念有非常密切的关系。所以,当前的首要任务之一即是培植办案人员树立"无罪推定""疑罪从无"的刑事诉讼理念,并将落实该理念视为自身义不容辞的重要责任与防范刑事错案的唯一选择。

四、树立遵循司法规律理念

一段时期以来,理论界关于何为司法规律难以达成共识,其中具有代表性的定义主要有"法则说"①"经验说"②"逻辑说"③等几种观点。笔者认为，陈光中与龙宗智教授关于司法规律的论述有助于我们更加深入地理解这一概念的涵义。也即，司法规律是由司法的特性所决定的，体现了对司法活动和司法建设客观要求的法则。④之所以关于司法规律这一概念的定义会有较大出入，主要原因就在于司法规律具有不同的语义指向。而把司法规律语义指向确定为"司法权运行规律""司法活动的客观规律"⑤，则能够很好地做到与党中央关于司法规律论述保持一致性。自党的十八大以来，中央高层会议及习近平总书记的讲话中多次强调司法改革应遵循司法规律，并认为司法权的独立公正行使是最根本的司法规律。

反思已被纠正的刑事错案能够看到，目前我国在司法权独立公正行使的过程中遇到的最大阻碍即是未能真正树立起符合司法规律的先进理念。就外部而言，在"命案必破""破案率"等高压之下，受到"有罪推定"等错误观念的引导，再加上被害人及舆论等外在因素的压力，导致一些大要案或影响力重大的案件，由政法委等部门进行牵头协调，在这一协调的过程中，较易扭曲公检法原本应持有的相互制约关系，背离公检法三机关各自的职权原则，摒弃辩护律师的合理意见；就内部而言，法院机关存在着审而不判、判而不审的行政化倾向，检察机关采用三级审批制的办

---

① 如认为司法规律是指社会主义初级阶段司法主体在司法活动内准确适用法律，维护司法公正所形成的内在的、本质的、必然的联系，是审判权和检察权以及其他相关权力有机结合的共同法则，是司法权本质特征和价值目标的高度概括。陈国芳. 中国特色社会主义司法规律本质探究[J]. 湖南社会科学, 2013（2）: 83.
② 如认为最佳的司法规律必然是法治经验的客观反映。中国特色社会主义法律体系本身就是法治经验的最大产物和最佳成果。孙海龙. 科学把握和运用司法规律[J]. 法制资讯, 2011（11）: 51.
③ 如认为司法有它自己运行的规律，司法改革、司法创新不能违背司法规律行事。司法改革，改什么，怎么改，都必须按照司法权运行的内在逻辑来展开。沈开举, 郑磊. 司法改革贵在尊重司法运行规律[J]. 人民论坛, 2014（29）: 26.
④ 陈光中, 龙宗智. 关于深化司法改革若干问题的思考[J]. 中国法学, 2013（4）: 5.
⑤ 张文显. 习近平法治思想研究（下）——习近平全面依法治国的核心观点[J]. 法制与社会发展（双月刊）, 2016（4）: 16.

案模式使责任机制缺乏合理性。应当说，无论是司法的地方化，抑或司法的行政化，均将致使司法权难以独立运行，亟待有效治理。而治理的首要方法，即是树立符合司法规律的司法权独立公正行使理念。笔者认为，根据我国宪法条文规定与相关文件精神，对于司法权独立公正行使的解读主要包括四个层面：其一，观念层面。党的十八大报告中强调"确保审判机关、检察机关依法独立公正行使审判权、检察权"，这充分体现了国家对于司法权独立公正运行的高度支持，也表明司法机关应形成符合自身职能特点的理念，从而保障在实际办案过程中作出客观独立的判断。其二，制度层面。我国法律将司法权独立公正运行作为一项重要原则，也即独立行使司法权是具有制度保障的，并在制度约束之下，要求司法人员严格按照司法权独立运行的理念与相应规则办理案件。其三，内容层面。司法权独立公正运行包括司法机关在行使司法职能上的整体独立性、司法机关系统内部的互相独立以及检察官、法官个人独立行使职权。而内容的核心则是检察官、法官在具体办案过程中，只服从于事实与法律，从而作出客观公正的独立判断。其四，实施层面，也即针对司法地方化与司法行政化的具体解决方案，具体内容已在前文有所论述，在此不再赘述。

五、树立依靠党的领导做好错案治理工作理念

党的领导是中国特色社会主义最本质的特征，是社会主义法治最根本的保证。把党的领导贯彻到依法治国全过程和各方面，是我国社会主义法治建设的一条基本经验。我国宪法确立了中国共产党的领导地位。坚持党的领导，是社会主义法治的根本要求，是党和国家的根本所在、命脉所在，是全国各族人民的利益所系、幸福所系，是全面推进依法治国的题中应有之义。[1]

习近平总书记明确指出："社会主义法治必须坚持党的领导，党的领

---

[1] 张文显. 全面推进依法治国的伟大纲领——对十八届四中全会精神的认知与解读[J]. 法制与社会发展（双月刊），2015（1）：17.

导必须依靠社会主义法治。"①在全面依法治国的进程中，有效治理刑事错案是其中的一项重要内容，那么，为做好刑事错案治理工作，最为核心也是最为重要的则是须树立依靠党的领导的理念，并将党的领导作为刑事错案治理工作的重要政治保障。因为在这项庞大系统工程的开展过程中，仅依靠公安机关、检察机关、审判机关任何一个部门单打独斗都是行不通的，需要在党的坚强领导之下，公检法三机关正确理解"分工、配合、制约"的原则，严格履行法律职责，守住法律底线，做到"全流域治理"刑事错案，各自发挥在刑事错案治理中的应有作用。历史终将证明，在党的领导下开展刑事错案治理工作，不仅有利于捍卫党的事业，而且有利于保障人权，树立司法权威，加快法治中国建设步伐。

---

① 习近平. 关于《中共中央关于全面推进依法治国若干重大问题的决定》的说明[J]. 求是, 2014（21）: 19.

第十章 加强政法队伍建设，切实提高错案治理能力

"法律应当被看成为一项有目的的事业，其成功取决于那些从事这项事业的人们的能量、见识、智力和良知。"①虽然健全司法权运行机制以强化对政法干警进行监督制约具有必要性与重要性，但这种外在的约束力并非是解决公正办案与理性判断的根本性举措。与其他国家相比，我国对公安司法人员履职行为的监督措施并不少，但是因违法办案导致错案出现的情况也屡屡发生。能否妥善运用刑事诉讼实现惩罚犯罪与保障人权目的的基础是政法干警的自身素质，前沿是政法干警的办案活动。即便监督制约机制再完善，但政法干警自身素质并无提升，不仅难以提高案件质量，甚至还会出现司法行政化，还会削弱司法人员独立公正办案的责任感。所以，如何加强政法队伍自身能力建设是需予以重中之重考虑的问题。

一、强化政治信仰建设

习近平总书记在深刻分析政法队伍的性质、特点和现状的基础上，明确提出了政法队伍建设的理念思路、目标任务、政策举措，形成了系统化的政法队伍建设思想。②习近平总书记在2014年中央政法工作会议上提出："要按照政治过硬、业务过硬、责任过硬、纪律过硬、作风过硬的要求，努力建设一支信念坚定、执法为民、敢于担当、清正廉洁的政法队伍。"③2016年12月28日，中共中央印发《关于新形势下加强司法行政队

---

① 富勒. 法律的道德性[M]. 郑戈, 译. 北京: 商务印书馆, 2005: 169.
② 黄文艺. 习近平法治思想中的政法理论述要[J]. 行政法学研究, 2023（1）: 42.
③ 习近平. 论坚持全面依法治国[M]. 北京: 中央文献出版社, 2020: 55.

伍建设的意见》，该《意见》作为当前及今后一段时期内政法队伍建设的纲领性文件，其中强调应"大力加强思想政治建设"，体现出党中央对政法队伍建设的鼎力支持及对政法干警的鞭策鼓励，这对于政法机关认真履职、凝聚力量必将产生深远的重要引领作用。党的十九大将政治建设纳入到党的建设总体布局之中，要求"以党的政治建设为统领"，"把党的政治建设摆在首位[①]"。在2019年中央政法工作会议上习近平总书记又提出："加快推进政法队伍革命化、正规化、专业化、职业化建设"，"努力打造一支党中央放心、人民群众满意的高素质政法队伍。"[②]公安机关、检察机关、人民法院是在党领导之下的国家机关，肩负保障群众安居乐业及国家长治久安的重要政治使命，政法干警坚定政治信仰对于国家法治建设具有更为特殊的意义。坚持党的领导是新时代中国最核心的政治信仰，坚定政治信仰是政法队伍保持政治定力的重要保障，政法工作人员在执法办案过程中要自觉接受党的领导，维护党的政治引领及大局掌握作用。同时，必须坚决抵制任何形式的假借党的名义干预司法案件的情况发生，也禁止政法干警随意揣摩领导意图，混淆"党大"还是"法大"的伪命题，影响案件裁判结果。为有效加强政治信仰建设，全体政法干警一方面应"旗帜鲜明讲政治，切实增强'四个意识'，坚决维护以习近平同志为核心的党中央权威，坚决服从党中央集中统一领导，坚决执行党的政治路线，在政治立场、政治方向、政治原则、政治道路上同党中央保持高度一致，自觉做到维护核心、绝对忠诚、听党指挥、勇于担当"。[③]政法工作要全面贯彻落实党的路线、方针、政策，自觉将政法工作的政治性与法治性有机结合起来，防范并纠正将政治与法治相对立、执法办案只追求法律效果而弱化甚至忽视政治效果与社会效果的错误倾向；另一方面要秉持

[①] 习近平. 决胜全面建成小康社会 夺取新时代中国特色社会主义伟大胜利——在中国共产党第十九次全国代表大会上的报告[N]. 人民日报，2017-10-28（2）.
[②] 习近平. 论坚持全面依法治国[M]. 北京：中央文献出版社，2020：246，249.
[③] 徐家新. 认真学习贯彻党的十九大精神 大力加强新时代人民法院队伍建设[N]. 人民法院报，2017-11-29（5）.

坚定的理想信念。对于政法干警而言，法治精神与道德良知是其理想信念中的重要因素。政法干警"要把法治精神当作主心骨，做知法、懂法、守法、护法的执法者，只服从事实与法律，不偏不倚，秉公执法，执法为民"。[1]

二、强化职业道德建设

儒家经典《大学之道》里有云："自天子以至于庶人，壹是皆以修身为本"，"修身、齐家、治国、平天下"，可见修身立德乃人之根本，治国之根基。刑事诉讼直接关系到社会公众的生命、自由及财产等重大权利，在诉讼过程中，无论是对案件事实的认定，还是对法律条文的理解，都离不开公安司法人员的自由心证与内心确信，这就要求政法工作人员在行使侦查权、检察权、审判权时应以恪守公正为根本遵循，尽最大努力确保在遵循正当程序的基础之上使案件事实真相得以查明，从而使每一起刑事案件的处理结果都能经得起法律与道德的拷问，实现人权保障与惩罚犯罪的刑事诉讼目标。可以说，公安司法人员的良好职业道德是促使法律公平正义得以落实的重要保障。侦查作为刑事诉讼的第一道关口，若公安人员缺乏良好的职业道德，将直接导致后续的检察、审判环节无法进行或出现错误的裁判结论。而我国的检察官不仅具有追诉犯罪的职能，还承担着法律监督者角色，其能否恪守职业道德更为重要而关键。"法律借助于法官而降临人世。"[2]这句话充分表现出司法公正的实现与法官良知具有密切的关联性，而法官是否具有良知及良好品格又与其职业道德紧密相连。总体而言，公安司法人员作为社会上的特殊群体，不仅应具有高于一般公众或其他行业人员的娴熟业务能力，同时更需用崇高的职业道德妥善地行使自身权力。从国外的相关立法规定来看，在强化对司法人员保障的同时也十分注重对其自身行为及职业道德的约束，通过完善的准则设置使得

---

[1] 中共中央文献研究室. 十八大以来重要文献选编（上）[M]. 北京: 中央文献出版社, 2014: 718-719.

[2] 洪泉寿. 法官的"必修课"与"选修课"[N]. 人民法院报, 2014-06-13（6）.

司法人员从履职之日起即明确自己可为什么，不可为什么。比如在美国，1924年美国律师协会为法官制定了《司法道德准则（Canons of Judicial Ethics）》，该准则一直是美国法官的行为准则。1972年美国律师协会在该准则的基础上，制定了《司法行为准则》，1982年、1990年又对该准则多次作出修改，并成为约束法官行为的基本职业道德准则。美国的法官极少出现违法犯罪行为，在公众中始终保持良好的形象，与其受到《司法行为准则》的严格约束是不无关系的。[1]

法治工作队伍建设是习近平法治思想的重要组成部分，总书记在关于全面依法治国的一系列重要讲话中，科学回答了为什么要建设法治工作队伍、建设什么样的法治工作队伍、如何建设法治工作队伍等一系列重大问题，创立了法治工作队伍建设理论。党的十八大以来，《中共中央关于全面推进依法治国若干重大问题的决定》《关于新形势下加强政法队伍建设的意见》《法治中国建设规划（2020—2025年）》等重要文件，即是将关于法治工作队伍建设理论具体应用于实践活动的重要成果。其中，针对建设法治工作队伍的总体要求，习近平总书记提出"提高法治工作队伍思想政治素质、业务工作能力、职业道德水准，着力建设一支忠于党、忠于国家、忠于人民、忠于法律的社会主义法治工作队伍，为加快建设社会主义法治国家提供有力人才保障。"[2]《法治中国建设规划（2020—2025年）》提出，牢牢把握忠于党、忠于国家、忠于人民、忠于法律的总要求，大力提高法治工作队伍思想政治素质、业务工作能力、职业道德水准，努力建设一支德才兼备的高素质法治工作队伍。[3]应当说，习近平总书记提出的四个"忠于"，是对法治工作队伍品德修养的总定位，也是对法治工作队伍建设的总要求。[4]四个"忠于"表明一个好警察、好检察官、好法官应当是一个具有良知的人，政法工作人员在执法办案过程中必

---

[1] 王利明.司法改革研究[M].北京：法律出版社，2000：442.
[2] 习近平.论坚持全面依法治国[M].北京：中央文献出版社，2020：274.
[3] 法治中国建设规划（2020—2025年）[N].人民日报，2021-1-11（4）.
[4] 黄文艺.论习近平法治思想中的法治工作队伍建设理论[J].法学，2021（3）：5.

须加强自我约束与道德建设，以形成正确断案、维护正义的良好基础。这一系列要求是建构政法工作人员职业道德自律体系的有益探索，而如何有效实施与培养则是更为关键的问题。

笔者认为，一是应当在组织学习中加以引导。以推进学习型政法队伍建设为总抓手，认真学习贯彻习近平总书记关于新时代中国特色社会主义的重要思想和习近平法治思想，切实运用马克思主义中国化的最新理论成果武装干警头脑。为确保学习效果，可通过举办专题辅导报告会、编写专门教材、召开学术研讨会、与高校和法学研究机构合作交流等多种形式，分批次对政法干警进行辅导培训，对政法机关领导干部进行集中轮训，将理想信念及思想道德建设作为政法干警的必修课。二是应当在日常工作中加以培育。认真抓好党风廉政建设，严格落实"一岗双责""八项规定"等重要决策，做到重大工作事项、人事任免、经费开支等事项由党组集体进行讨论。机关主要领导签订廉政道德建设责任状，并与司法行政工作一同部署、落实并检查，形成"一把手"总负责、各部门各司其职、全体政法干警共同参与的良好工作格局。严格执行党中央及上级机关的决议，并结合本单位实际修改完善机关管理方案等各项规章制度，做到用制度管人管事。定期分析干警思想动态与工作情况，对职业道德失范的干警坚决予以纠正，对践行政法干警职业道德规范典型模范给予表彰奖励并宣传推广，激励广大干警学习先进、争创一流。三是应当在文化生活中加以熏陶。充分利用集中培训、演讲辩论、张贴海报、观看警示教育片等方式，促使全体干警在潜移默化中接受职业道德教育，既提升干警自身思想境界，增强职业荣誉感与进取心，同时也会从身陷囹圄之人的反面事例上得到启示与警醒，切实做到防微杜渐、警钟长鸣。四是在严格管理中加以规范。面对当前及今后一段时期内政法干警因违反职业道德而产生的违法违纪行为仍可能存在的现实，我们除了通过多种形式强化教育及培育自律以促使干警职业道德养成之外，还需健全相应制度规范及加强法律制约能力。不仅如此，政法机关内部的监察部门作为追究和处理干警责任的职能部门，应进一步强化收集政法干警违法违纪线索工作，落实内部监督职责。通过内外监督的双重强化，建构完善的长效监督机制。

三、强化业务能力建设

若要建设高素质的精英化政法队伍，必须切实提升自身业务能力。正所谓"打铁还需自身硬"，坚实的法律专业知识与精良的法律专业素养是政法队伍担当维护正义使命的基本保障。只有具备扎实的法律功底，掌握真正的法学理论，才能在严格执法、公正司法的基础之上实现良法善治、法正民安。所以，必须切实提高政法队伍的专业水平与职业素养。具体包含两方面内容：

其一，应强化教育培训。侦查人员收集、固定、使用证据的专业性工作，只有经过体系化学习与针对新型犯罪继续培训之人才能胜任。因为"一个聪明的、受过良好培训的讯问人员能促使有罪的犯罪嫌疑人告诉真相……一个在心理上受过训练的专业讯问人员比未受培训的官员更能取胜于犯罪嫌疑人，继而获得证明犯罪嫌疑人有罪的供述"。[1]检察官作为连接侦查与审判的重要桥梁，其自身素质的高低不仅关系到对侦查机关案件质量的评判，更直接影响着审判机关对案件作出的裁判。而法官作为维护正义最后一道防线的守门人，只有具备丰富的法律知识并能够随着社会发展需要而不断更新与完善，才能确保其所作出的裁判符合法律效果与社会效果统一的要求。对此，西方法治国家一般会建立较为完善的法官教育培训制度。如在法国，针对成人教育的特点，采用"讨论会""周期培训""讨论日""会见活动""现场培训活动""实习""研究会"等多种方式对法官进行不同于经院式古板授课的继续教育培训。[2]应当说，教育培训的开展是加强政法队伍自身能力建设的基础性工程。按照新时代公安机关、检察机关、审判机关刑事任务的具体要求，要持续性地深入推进政法干警教育培训制度改革，将培训重点落在贴近办案实务、强化能力锻

---

[1] 徐美君. 侦查讯问程序正当性研究[M]. 北京：中国人民公安大学出版社，2003：201-202.

[2] 王世民，杨永波，马幼宁，彭永和. 法国司法制度改革与法官教育培训制度（下）[J]. 法律适用（国家法官学院学报），2000（1）：47.

炼与提升教育质量之上。一是完善教育培训立法。政法机关在严格落实2015年中共中央印发的《干部教育培训工作条例》的同时，为适应公检法各自职业特点可制定或修订符合本系统人员素质提升的相关条例或其他规范性文件，并针对司法改革实行人员分类管理的实际，建立健全与检法机关人员分类管理相适应的培训教育体系。二是不断优化教育培训的内容。在传统对法学理论与实践要点等方面进行培训的基础之上，强化对如何认定案件事实和判断证据方面的学习，并逐步拓宽学习广度，内容包括但不限于心理学、逻辑学、行为认知学、法医学、司法鉴定等方面，与此同时还要将科技应用、民意引导、舆情应对、社会沟通等方面内容一并纳入到培训范围之中。三是创新教育培训的方式。公检法机关可常态化地组织对重大、疑难、复杂案件以及新类型案件的案例研讨会，开展实务技能竞赛、辩论赛等活动；进一步强化与高校法学院的合作关系，加大对专业化、精英化、高层次政法干警的联合培养的力度，以解决政法人才短缺的问题；充分发挥岗位大练兵建设作用，加强现场教学、案例培训，加大政法系统业务专家授课比重，让政法干警在刑事实务中切实增长实际本领。除此之外，法院还可适时邀请公安与检察人员参加庭审观摩、庭审评比等活动，从而不仅有利于推进"以审判为中心"的刑事诉讼制度改革，潜移默化地引导侦查与检察人员在办案过程中要将对证据的判断达到法院审判的水准，而且有利于促进公检法三机关相互取长补短，共同提升执法办案水平。

其二，应强化心理建设。从对错案产生原因的分析来看，错案的出现与办案人员的心理偏差密切相关。这种心理偏差有故意而为，也有无法避免的因素。所以，当前如何尽可能地减少办案人员因心理偏差所致的错案，是加强业务能力建设中亟待考虑的问题。一是应理性认知心理偏差。办案人员的心理偏差并不是仅仅在刑事错案中会出现，实际上，在办理任何一起刑事案件中，心理偏差均会不同程度地存在着。因为"任何要靠人来运转的制度都会因为其要靠人运转而可能出错。这有助于解释为什么'隧道视野'很少是个人恶意的产物……，以及为什么错案并非什么反常的事情，而是深植于制度之中的。"①就样本案件而言，几乎很少是在办案人已明知被追诉者并非是犯罪嫌疑人或被告人的情况下而对其强行定罪，而更多是因受到心理偏差的影响或错案具有客观制约性的特征而导致错案的出现。所以，若只要一出现错案，就认为办理该案之人是应当受到追究的道德素质低下之人，是违背人之本性及司法规律的错误观念。二是加强心理建设方面的培训。我国在对政法干警进行培训教育时，应将心理学方面的内容作为重要的培训课程之一，通过此类培训逐渐让办案人员提升认知自我的能力，从而尽可能地减少心理偏差给办案人员处理案件带来的风险。具体而言，一方面要让办案人员尽可能保持开放心态，不过早形成某人有罪的结论；另一方面要让办案人员学会谦卑，不对自己的判断过度自信。②因为经过研究表明，竞争性假设分析法（仔细权衡各种可能的假设与证据之间的关系）和考虑对立面（考虑有关信念、假设、观点等的对立面）是降低"隧道视野""确证偏差""信念坚持""重申效果"等心理偏差的有效方式。③比如，公安人员在判断犯罪嫌疑人供述时，要着重审查其口供自相矛盾之处，或是与其他在案证据不能相呼应的关键点；检察人员在审查案件时，不应只看重能够证明某人有罪的证据，还应反向思考那些可能证明该人无罪的证据；审判人员在形成最终判断时，要改变以往内心倾向于控诉方的不当心态，而应基于中立的主体身份，充分考查控辩双方对该案的意见，尤其是相互对立的观点要格外引起重视。

---

① 黄士元. 刑事错案形成的心理原因[J]. 法学研究, 2014（3）: 43.
② 黄士元. 正义不会缺席——中国刑事错案的成因与纠正[M]. 北京: 中国法制出版社, 2015: 137.
③ 吴修良, 徐富明, 王伟, 马向阳, 匡海敏. 判断与决策中的证实性偏差[J]. 心理科学进展, 2012（7）: 1084-1085.

第十一章 营造良好法治文化，有效增强错案治理能力

刑事司法实践证明，如果公安司法机关处理刑事案件时未能秉持客观公正的心态、冷静理性的定力，则很难期待其能作出正确的案件处理结论，然而，若没有积极向上的社会氛围与舆论导向，同样难以实现司法公正。长期以来，民众持有的"杀人偿命"等错误观念对公安司法机关办理案件造成颇为严重的不利干扰，一旦命案发生，不仅公权力机关会特别关注，被害方要求严惩罪犯的呼声更为强烈，加之部分媒体带有主观偏见的"先入为主"的不当报道，使得原本不知案件真实情况的社会群众会根据媒体报道"自编自导"偏向于被害一方的案件过程。其实，如果从感性的角度出发，被害方以及社会公众这种愤慨的心情是可以理解的，但是公安机关、检察机关、审判机关进行侦查、检察、审判的对象必须是真正的犯罪之人，办案人员需要依靠证据进行客观的判断。所以，怎样确保刑事错案能够得到有效治理？关键之一即是借助群众的智慧与力量并得到其理解与支持，共同营造良好的刑事错案治理的法治文化氛围。

一、积极引导群众树立科学的司法理念

一方面，公安司法机关要改变以往的某些工作方法。比如侦查机关要改进发布破案信息以便过早地立功受奖等做法，因为案件侦破并不代表其抓获的"嫌疑人"就是日后的"被告人"，这样极易误导公众尤其是被害方对某人产生先入为主的有罪认知，可能会对后续的检察及审判工作带来不当干扰。另一方面，逐步引导群众不再苛求"命案必破"。虽然群众期望有一个安静祥和的社会环境的愿望是好的，但是"命案必破"之下必有错案的出现，而且群众的这种观念势必会给办案机关增加诸多无形的压

力,并有演变为阻碍正常办理案件的巨大风险,从而会对案件质量造成严重影响。要使群众认识到因认知能力及侦查手段等方面的局限性,部分案件无法侦破、少数嫌疑人无法抓获等现象的存在是正常的,这时公安机关撤销案件,检察机关不予起诉,审判机关判决无罪是正确的选择;逐步引导群众理解刑事错案的防范是要付出代价的。

二、积极引导媒体维护公正的司法权威

舆论监督是对公安司法机关工作进行监督的重要方式,而如何平衡舆论监督与公安司法机关正常开展工作也是一个有待解决的难点问题。因为公权力机关本身允许并支持新闻媒体的监督,但办理刑事案件工作的特殊性决定了其应与社会保持一定的距离,不能为了迁就民意或是"听从"媒体倾向性的评论而作出违背事实真相的结论。在当下的信息时代,群众的感情一般均是通过网络等媒介进行表达的,而网络普及使得情感传递的速度极快,很易形成"舆论办案""舆论审判"等趋向,所以,需要我们对此保持理性的态度。具体而言:

其一,应当认识到依法办案与舆论自由并非是冲突关系,而更多的是合作关系。建构依法公正办案与理性传媒舆论之间相互尊重及彼此理解的良性互动关系非常重要,既不能因完全排斥舆论监督而使二者关系"剑拔弩张",也不能让舆论监督越界而使二者关系"亲密无间"。

其二,司法机关强化检务、审判公开力度。若要消除群众疑虑,避免无端猜测,最好的办法就是主动公开。"阳光是最好的防腐剂。"许多案件无论最终是否被定性为刑事错案,但却因长期迟延、办案情况迟迟不予公开,使司法机关陷于不利的被动状态,导致无论最后结论如何都很难具有社会说服力。信息技术的飞速发展,对于司法机关开展工作既是机遇,又是挑战。以法院为例,一方面可采用传统形式,即通过对除法律另有规定以外的案件进行公开审理,促使法庭上的举证、质证、认证等均得到公开进行,以保障当事人尤其是被告人的合法权益和社会公众旁听庭审的权利。根据具体案情可准许媒体采访报道,并在法庭设置专门的媒体记者席位,既可维护开庭秩序,也可满足在旁听席位有限时记者仍可旁听的

需要。针对一些重大、疑难、复杂案件，还可考虑邀请人大代表、政协委员、媒体代表、律师代表、群众代表等人员参加庭审观摩，并以不影响法院依法独立公正行使审判权的方式对案件处理提出意见；通过公开生效裁判文书，可以让社会公众对法院裁判充分发表意见，利于法官作出的判决符合法律效果与社会效果的要求，同时也为律师在代理刑事案件、上下级法院处理类似案件理清思路、形成观点提供裁判指引；通过相关司法数据的公开，可以为广大师生、专家学者等人员研究司法政策提供实践素材，利于司法工作的不断进步。另一方面应充分运用新媒体资源深化司法公开工作，建设信息发布、诉讼服务、审判流程、裁判文书、执行信息、监督联络、舆情引控司法公开"七大平台"；开通官方网站、微博、微信、手机客户端，建立新闻发言人制度，着力打造"指尖上"的法院，用"新媒体"讲好"法院好故事"，传播"法治好声音"，法官借助网络平台用通俗易懂的语言向群众普及法律知识，拉近与群众之间的距离；在网上开办法官风采、法官随笔等栏目，通过微博微信直播法官工作、直播庭审，展示法官群体形象，再现法官生活、工作，以便让群众更好地了解法院工作，体会法官日常办案心得；通过在官方网站设置专门板块，充分听取群众对法院工作的意见与建议，促使法院总结现存问题，提出整改方案，从而为当事人及公众提供更加多元化、全方位的司法服务。

其三，媒体对司法进行监督应当以确保司法权依法独立公正运行作为限度。也即媒体报道应秉持客观中立的原则，并遵循新闻基本规律要求，媒体对于案件的报道，不能违反司法程序或超越司法程序对审理过程和裁判结果进行预测，也不能随意发表带有主观偏见的评论。媒体进行案件报道所依据的事实、所遵循的法律和所引用的证据必须具有真实准确性，对于有可能产生的负面、消极影响应及时规避；对于确实不适宜公开的案件不得随意报道；对于存有疑点或争议较大的案件，在案件未作出判决之前尤其是未正式开庭之前，这时因极易受到控诉一方或辩护一方"一面之词"的影响，故应当慎重报道或不报道。

三、积极引导社会厚植文明的法治精神

实际上，无论是有效的规范体系还是良好的制度设计，这些有形物质表象的背后都孕育着无形的精神力量，也即以意识、理念、情感为核心的文化底蕴。正是这些文化分子经过组合形成的信仰才成为规范与制度等得以发挥真正有效作用的内生动力。这也就是说，若要实现法治，必然离不开多种制度的良好设计及妥善运用，这可谓构建法治的"硬核"，但即便这一系列的"硬核"均得到完美的运行，也不代表法治就此实现。恰恰由于法治理念入脑入心，才使得我们每一个人都能深刻理解法治的内涵要义与品格气质，从小我到大我，促使整个社会形成拥护法律权威、崇尚法治精神的良好氛围。所以，我们必须大力推进法治文化建设，培育和践行社会主义核心价值观，深入开展法治宣传教育，在全社会弘扬法治精神，增强法治观念，厚植法治信仰，使尊法信法守法用法成为全体人民的共同追求和自觉行动。[①]不仅如此，还应当注重采取形式多样的法治宣传方式，尤其是按照"加强普法讲师团、普法志愿者队伍建设"的要求进行普法宣传，在这一过程中，应着重对一些刑事错案、宣告无罪案件进行宣传，让社会各界充分认识到即便是被公安机关抓获并被检察机关提起公诉之人也并非就是犯罪者，只有经过法院根据案件事实和法律规定作出判决之后才能最终确定某人是否有罪。

---

① 张文显. 治国理政的法治理念和法治思维[J]. 中国社会科学, 2017（4）: 56.

参考文献

[1] 中共中央关于全面深化改革若干重大问题的决定[N]. 人民日报, 2013-11-16（1）.

[2] 中共中央关于全面推进依法治国若干重大问题的决定[N]. 人民日报, 2014-10-29（1）.

[3] 朱永新. 从阅读公平走向社会公平[J]. 新华文摘, 2021（15）: 149.

[4] 刘志伟, 魏昌东, 吴江. 刑事诉讼法一本通[M]. 北京: 法律出版社, 2018: 5-6, 84, 107, 116, 121, 142, 143, 149, 196, 203, 205, 263, 394, 436, 488, 492, 502, 504, 511, 514, 516, 712.

[5] 习近平. 高举中国特色社会主义伟大旗帜 为全面建设社会主义现代化国家而团结奋斗——在中国共产党第二十次全国代表大会上的报告[M]. 北京: 人民出版社, 2022: 42.

[6] 童建明. 努力让人民群众在每一个司法案件中感受到公平正义——学习习近平总书记关于公正司法重要论述的体会[J]. 国家检察官学院学报, 2021, 29（4）: 3.

[7] 俞可平. 治理与善治[M]. 北京: 社会科学文献出版社, 2000: 16-17, 87-95.

[8] 冯含睿. 治理视角下的政府理性分析[J]. 城市问题, 2015（3）: 75.

[9] 闵春雷. 刑事证明: 变客观真实为法律真实[N]. 检察日报, 2004-2-5（3）.

[10] 张文显. 习近平法治思想的理论体系[J]. 法制与社会发展, 2021（1）: 8.

[11] 钟纪晟. 如何按照庭审标准对调查证据审核把关[EB/OL]. 中央纪委国家监委网站, 2019-09-04.

[12] 中共中央关于制定国民经济和社会发展第十四个五年规划和二〇三五年远景目标的建议[EB/OL]. 人民网, 2020-11-04.

[13] 黄文艺. 论习近平法治思想中的司法改革理论[J]. 比较法研究, 2021（2）: 1.

[14] 詹姆斯·N. 罗西瑙. 没有政府的治理[M]. 张胜军, 刘小林, 译. 南昌: 江西人民出版社, 2001: 9.

[15] 朱稳根. 全球治理视角下重大疫情应对与社会治理能力提升的思考[J]. 民航管理, 2020（4）: 22.

[16] 马克思, 恩格斯. 马克思恩格斯选集（第1卷）[M]. 中共中央马克思恩格斯列宁斯大林著作编译局, 编译. 北京: 人民出版社, 1972: 555, 656, 679.

[17] 景维民, 许源丰. 俄罗斯国家治理模式的演进及其对中国的启示[J]. 俄罗斯中亚东欧研究, 2009（1）: 50-51.

[18] 张文显. 法治化是国家治理现代化的必由之路[J]. 法制与社会发展（双月刊）, 2014（5）: 8.

[19] 张文显. 习近平法治思想研究（中）——习近平法治思想的一般理论[J]. 法制与社会发展（双月刊）, 2016（3）: 22, 37.

[20] 俞可平. 论国家治理现代化[M]. 北京: 社会科学文献出版社, 2015: 28-32.

[21] 俞可平. 走向善治[M]. 中国文史出版社, 2016: 82-83.

[22] 张星炜. 良法是善治之前提[J]. 理论与改革, 2014（6）: 11.

[23] 张文显. 全面推进法制改革, 加快法治中国建设——十八届三中全会精神的法学解读[J]. 法制与社会发展（双月刊）, 2014（1）: 16.

[24] 俞可平. 衡量国家治理体系现代化的基本标准——关于推进"国家治理体系和治理能力的现代化"的思考[J]. 党政干部参考, 2014（1）: 14.

[25] 邓小平. 邓小平文选（第2卷）[M]. 北京: 人民出版社, 1994: 333.

[26] 刘建伟. 论习近平的制度治理思想[J]. 求实, 2016（4）: 17.

[27] 约翰·斯普莱克. 英国刑事诉讼程序[M]. 徐美君, 杨立涛, 译. 北京: 中国人民大学出版社, 2006: 626.

[28] 刘品新. 论刑事错案的制度防范体系[J]. 暨南学报（哲学社会科学版）, 2016（7）: 22.

[29] 王守安, 董坤. 美国错案防治的多重机制[J]. 法学, 2014（4）: 136, 142.

[30] 习近平. 习近平关于全面依法治国论述摘编[M]. 北京: 中央文献出版社, 2015: 43.

[31] 张保生. 证据制度的完善是实现审判中心的前提[J]. 法律适用, 2015（12）: 12.

[32] 陈光中. 刑事诉讼法学[M]. 中国政法大学出版社, 1990: 146.

[33] 陈一云. 证据学[M]. 北京: 中国人民大学出版社, 1991: 96.

[34] 最高人民检察院法律政策研究室. 所有人的正义: 英国司法改革报告[M]. 北京: 中国检察出版社, 2003: 23.

[35] Joseph D.Grano. Confession, Truth, and the Law[M]. The University of Michigan Press, 1993: 11.

[36] 中国社会科学院语言研究所词典编辑室. 现代汉语词典[M]. 北京: 商务印书馆, 1996: 1067.

[37] 马克思, 恩格斯. 马克思恩格斯选集（第3卷）[M]. 中共中央马克思恩格斯列宁斯大林著作编译局, 编译. 北京: 人民出版社, 1995: 427.

[38] 张步文. 司法证明原论[M]. 北京: 商务印书馆, 2014: 85.

[39] 理查德·A.波斯纳. 法理学问题[M]. 苏力, 译. 北京: 中国政法大学出版社, 2002: 277.

[40] 张保生. 事实、证据与事实认定[J]. 中国社会科学, 2017（8）: 117.

[41] 张建伟. 证据的容颜 司法的场域[M]. 北京: 法律出版社, 2015: 22.

[42] 陈瑞华. 从认识论到价值论——证据法学理论基础的反思与重构[J]. 法学, 2001（1）: 21-28.

[43] 张建伟. 证据法学的理论基础[J]. 现代法学, 2002（2）: 34-48.

[44] 易延友. 证据法学的理论基础——以裁判事实的可接受性为中心

[J]. 法学研究, 2004（1）: 108.

[45] 习近平. 在经济社会领域专家座谈会上的讲话（2020年8月24日）[N]. 人民日报, 2020-8-25（2）.

[46] 闵春雷. 刑事证明: 变客观真实为法律真实[N]. 检察日报, 2004-2-5（3）.

[47] 樊崇义, 赵培显. 法律真实哲理思维[J]. 中国刑事法杂志, 2017（3）: 4.

[48] 宋英辉. 刑事诉讼原理[M]. 北京: 法律出版社, 2003: 16, 21.

[49] 张建伟. 刑事司法: 多元价值与制度配置[M]. 北京: 人民法院出版社, 2003: 61.

[50] 卞建林, 张璐. 我国刑事证明标准的理解与适用[J]. 法律适用, 2014（3）: 16.

[51] 陈光中. 刑事诉讼法[M]. 北京: 北京大学出版社, 高等教育出版社, 2013: 178.

[52] 陈瑞华. 刑事证明标准中主客观要素的关系[J]. 中国法学, 2014（3）: 177.

[53] 张军. 刑事证据规则理解与适用[M]. 北京: 法律出版社, 2010: 254.

[54] 杨宇冠, 郭旭. "排除合理怀疑"证明标准在中国适用问题探讨[J]. 法律科学（西北政法大学学报）, 2015（1）: 159.

[55] 樊崇义. 论刑事检控思维[J]. 中国刑事法杂志, 2015（4）: 9.

[56] 陈光中, 郑曦. 论刑事诉讼中的证据裁判原则——兼谈《刑事诉讼法》修改中的若干问题[J]. 法学, 2011（9）: 3.

[57] 田口守一. 刑事诉讼法[M]. 张凌, 于秀峰, 译. 北京: 中国政法大学出版社, 2010: 267.

[58] 弗洛伊德菲尼. 非法自白应否在刑事诉讼中作为证据使用——英美非法证据排除规则的简要历史[J]. 郭志媛, 译. 中国法学, 2002（4）: 157.

[59] 张佳华. 论以审判为中心背景下证据裁判原则精神的延展[J]. 山东警察学院学报, 2017（3）: 63.

[60] 戴长林, 罗国良, 刘静坤. 中国非法证据排除制度——原理·案

例·适用[M]. 北京: 法律出版社, 2017: 40.

[61] 陈光中. 证据法学[M]. 北京: 法律出版社, 2013: 259, 267, 275.

[62] 孙长永, 王彪. 审判阶段非法证据排除问题实证考察[J]. 现代法学, 2014（1）: 73.

[63] 熊秋红. 美国非法证据排除规则的实践及对我国的启示[J]. 政法论坛, 2015（3）: 147-148.

[64] 陈卫东. 直接言词原则: 以审判为中心的逻辑展开与实现路径[J]. 法学论坛, 2022（6）: 85.

[65] 土本武司. 日本刑事诉讼法要义[M]. 董璠舆, 宋英辉, 译. 台北: 台湾五南图书出版有限公司, 1997: 349.

[66] 杨波. 审判中心主义视域下刑事冤错案防范机制研究[J]. 当代法学, 2017（5）: 139.

[67] 张保生. 证据法学[M]. 北京: 中国政法大学出版社, 2014: 289.

[68] 刘善春, 毕玉谦, 郑旭. 诉讼证据规则研究[M]. 北京: 中国法制出版社, 2000: 387.

[69] 樊崇义.《刑事诉讼法》再修改的理性思考（下）[J]. 法学杂志, 2008（2）: 42.

[70] 李育林. 对口供补强规则运用逻辑的再思考——以防范虚假补强风险为切入点[J]. 西南政法大学学报, 2022（3）: 140.

[71] 樊崇义, 等. 底线: 刑事错案防范标准[M]. 北京: 中国政法大学出版社, 2015: 103-104, 203, 324.

[72] 闵春雷. 以审判为中心: 内涵解读及实现路径[J]. 法律科学（西北政法大学学报）, 2015（3）: 37.

[73] 杨焕宁. 切实转变执法观念和办案方式努力提高公安刑事执法水平[N]. 人民公安报, 2012-05-04.

[74] 刘静坤. 论刑事程序中的虚假印证及其制度防范[J]. 当代法学, 2022（1）.

[75] 游伟. "铁案"一定要用合法证据来说话[N]. 上海法治报, 2016-06-07（B07）.

[76] 董坤. 中美刑事错案比较研究[D]. 哈尔滨: 黑龙江大学, 2017: 171-172.

[77] 刘宪权. 美国四步构建刑事错案防控与问责[N]. 法制日报, 2013-4-23（10）.

[78] 王守安, 董坤. 美国错案防治的多重机制[J]. 法学, 2014（4）: 136.

[79] 闫斌. 论"狱侦耳目"制度被滥用的危害及对策[J]. 政法论丛, 2013（6）: 119.

[80] 冀祥德. 习近平法治思想指导下的认罪认罚从宽制度[J]. 政法论坛, 2024（3）: 11.

[81] 唐亚南. 刑事错案产生的原因及防范对策[M]. 北京: 知识产权出版社, 2016: 132.

[82] 陈瑞华. 比较刑事诉讼法[M]. 北京: 中国人民大学出版社, 2010: 307.

[83] 闵春雷, 杨波, 谢登科, 贾志强. 东北三省检察机关新刑诉法实施调研报告[J]. 国家检察官学院学报, 2014（3）: 45.

[84] 米尔建·R. 达马斯卡. 漂移的证据法[M]. 李学军, 等, 译. 北京: 中国政法大学出版社, 2003: 200.

[85] 郭欣阳. 刑事错案评析[M]. 北京: 中国人民公安大学出版社, 2011: 151.

[86] 乔宗楼. 审判中心下侦查工作之困境与路径[J]. 北京警察学院学报, 2017（4）: 24.

[87] 林钰雄. 检察官论[M]. 北京: 法律出版社, 2008: 12.

[88] 林喜芬. 中国刑事程序的法治化转型[M]. 上海: 上海交通大学出版社, 2011: 136.

[89] 朱孝清. 检察官负有客观义务的缘由[J]. 国家检察官学院学报, 2015（3）: 14-20.

[90] 陈卫东, 杜磊. 检察官客观义务的立法评析[J]. 国家检察官学院学报, 2015（3）: 39.

[91] 吴建雄. 检察官客观义务的错案预防价值[J]. 法学论坛, 2011（1）:

121-131.

[92] 龙宗智. 刑事证明责任制度若干问题新探[J]. 现代法学, 2008（4）: 110.

[93] 韩旭. 检察官客观义务论[M]. 北京: 法律出版社, 2013: 114.

[94] 龙宗智. 检察官客观义务的基本矛盾及其应对[J]. 四川大学学报（哲学社会科学版）, 2014（4）: 5-17.

[95] 龙宗智. 检察官客观义务论[M]. 北京: 法律出版社, 2014: 118-124.

[96] 万毅. 检察官客观义务的解释与适用[J]. 国家检察官学院学报, 2015（6）: 46.

[97] 许身健. 防止错案发生检察机关责无旁贷[N]. 检察日报, 2005-8-30（1）.

[98] 龙宗智. 刑事诉讼中检察官客观义务的内容及展开[J]. 人民检察, 2016（12-13）: 49.

[99] 陈光中.《中华人民共和国刑事诉讼法》修改条文释义与点评[M]. 北京: 人民法院出版社, 2012: 250, 260.

[100] 松尾浩也. 日本刑事诉讼法（上）[M]. 丁相顺, 译. 北京: 中国人民大学出版社, 2005: 192.

[101] 汪海燕, 于增尊. 预断防范: 刑事庭审实质化诉讼层面之思考[J]. 中共中央党校学报, 2016（1）: 55.

[102] 何家弘. 亡者归来: 刑事司法十大误区[M]. 北京: 北京大学出版社, 2014: 174-175.

[103] 龙宗智. 庭审实质化的路径和方法[J]. 法学研究, 2015（5）: 139, 155.

[104] 闵春雷, 贾志强. 刑事庭前会议制度探析[J]. 中国刑事法杂志, 2013（3）: 69.

[105] 卞建林. 直接言词原则与庭审方式改革[J]. 中国法学, 1995（6）: 96.

[106] 周枏. 罗马法原论（下）[M]. 北京: 商务印书馆, 2014: 934.

[107] 克劳思·罗克信. 刑事诉讼法[M]. 吴丽琪, 译. 北京: 法律出版社,

2003: 429.

[108] 陈卫东. 刑事诉讼法[M]. 北京: 中国人民大学出版社, 2015: 127.

[109] 龙宗智. 我国刑事庭审中人证调查的几个问题——以"交叉询问"问题为中心[J]. 政法论坛, 2008（5）: 25.

[110] 顾永忠. 庭审实质化与交叉询问制度——以《人民法院办理刑事案件第一审普通程序法庭调查规程（试行）》为视角[J]. 法律适用, 2018（1）: 16.

[111] 卫跃宁. 诉讼现代化: 从"以事实为根据"原则转向"证据裁判"原则[J]. 湘潭大学学报（哲学社会科学版）, 2008（4）: 67.

[112] 王晓华. 我国刑事被告人质证权研究[M]. 北京: 中国政法大学出版社, 2014: 10.

[113] 龙宗智. 论我国刑事庭审方式[J]. 中国法学, 1998（4）: 94.

[114] 樊崇义. "以审判为中心"的概念、目标和实现路径[N]. 人民法院报, 2015-1-14（5）.

[115] 靳昊. 力避"起点错、跟着错、错到底"——法学专家卞建林谈推进以审判为中心的刑事诉讼制度改革[N]. 光明日报, 2016-10-11（7）.

[116] 林钰雄. 刑事诉讼法（上册）[M]. 北京: 中国人民大学出版社, 2005: 103-105.

[117] 孙应征. 刑事错案防范与纠正机制研究[M]. 北京: 中国检察出版社, 2016: 228.

[118] 陈瑞华. 从"流水作业"走向"以裁判为中心"——对中国刑事司法改革的一种思考[J]. 法学, 2000（3）: 24-34.

[119] 习近平. 论坚持全面依法治国[M]. 北京: 中央文献出版社, 2020: 13, 55, 102, 166, 249, 274.

[120] 埃尔曼. 比较法律文化[M]. 贺卫方, 高鸿钧, 译. 北京: 生活·读书·新知三联书店, 1990: 134.

[121] 习近平. 决胜全面建成小康社会 夺取新时代中国特色社会主义伟大胜利——在中国共产党第十九次全国代表大会上的报告[N]. 人民日报, 2017-10-28（2）.

[122] 傅旭. 李鹏在浙江进行立法调研强调加强人大监督工作[N]. 人民日报, 2001-04-13（01）.

[123] 张文显. 监督是保证也是支持[J]. 中国人大, 2008（6）: 45.

[124] 万春. 论构建有中国特色的司法独立制度[J]. 法学家, 2002（3）: 79.

[125] 郭倩. 中国司法去地方化改革理论与实践研究[D]. 长春: 吉林大学, 2022: 1.

[126] 孟建柱. 深化司法体制改革[N]. 人民法院报, 2013-11-26（6）.

[127] 蒋惠岭. 司法体制改革面临的具体问题[J]. 贵州法学, 2014（8）:1.

[128] 刘会生. 人民法院管理体制改革的几点思考[J]. 法学研究, 2002（3）: 13-14.

[129] 陈卫东. 司法机关依法独立行使职权研究[J]. 中国法学, 2014（2）: 45.

[130] 张建伟. 超越地方主义和去行政化——司法体制改革的两大目标和实现途径[J].法学杂志, 2014（3）: 37, 38.

[131] 刘根菊, 刘蕾. 审判委员会改革与合议庭权限[J]. 国家检察官学院学报, 2006（1）: 126.

[132] 江必新. 论合议庭职能的强化[J]. 法律适用, 2000（1）: 13.

[133] 肖伟. 我国法院案件请示制度改革之反思与重构——以案件请示诉讼化改造为视角[J]. 南华大学学报（社会科学版）, 2011（4）: 49.

[134] 万毅. 历史与现实交困中的案件请示制度[J]. 法学, 2005（2）: 12, 17.

[135] 张文显. 法律责任论纲[J]. 吉林大学社会科学学报, 1991（1）: 2.

[136] 陈希国. 司法责任制中的"责任"应如何理解[N]. 人民法院报, 2017-3-31（2）.

[137] 董坤. 检察环节刑事错案的成因及防治对策[J]. 中国法学, 2014（6）: 221.

[138] 李建明. 刑事错案的深层次原因——以检察环节为中心的分析[J].

中国法学, 2007（3）: 31.

[139] 王利明. 司法改革研究[M]. 北京: 法律出版社, 2001: 408.

[140] 张建伟. 刑事司法体制原理[M]. 北京: 中国人民公安大学出版社, 2001: 282-288.

[141] 大木雅夫. 比较法[M]. 范愉, 译. 北京: 法律出版社, 1999: 318.

[142] 卡尔威因·帕尔德森. 美国宪法释义[M]. 徐卫东, 吴新平, 译. 北京: 华夏出版社, 1989: 138-140.

[143] 陈光中, 肖沛权. 如何树立司法权威的几点思考[C]. 太原: 中国法学会刑事诉讼法学研究会2010年年会, 2010-9-11.

[144] 陈光中. 比较法视野下的中国特色司法独立原则[J]. 比较法研究, 2013（2）: 12.

[145] 李少平. 深刻把握司法责任制内涵 全面、准确抓好《意见》的贯彻落实[N]. 人民法院报, 2015-9-25（2）.

[146] 贺小军. 效果与反思: 公安机关刑事执法质量考评机制实证研究[J]. 法学家, 2017（3）: 84.

[147] 西原春夫. 日本刑事法的形成与特色: 日本法学家论日本刑事法[M]. 李海东, 等, 译. 北京: 中国法律出版社与日本成文堂联合出版, 1997: 49.

[148] 法学教材编辑部. 西方法律思想史资料选编[M]. 北京: 北京大学出版社, 1983: 22.

[149] 樊崇义, 李思远. 以审判为中心背景下的诉审、诉侦、诉辩关系刍议[J]. 人民检察, 2015（17）: 8.

[150] 熊秋红. 刑事辩护的规范体系及其运行环境[J]. 政法论坛, 2012（5）: 47.

[151] 陈卫东. 模范刑事诉讼法典[M]. 北京: 中国人民大学出版社, 2005: 349-350.

[152] 张泽涛. 我国刑诉法应增设证据保全制度[J]. 法学研究, 2012（3）: 164.

[153] 吴建雄. 检察官客观义务的错案预防价值[J]. 法学评论, 2011（1）: 126.

[154] 陈瑞华. 大陆法中的诉讼行为无效制度——三个法律文本的考察[J]. 政法论坛（中国政法大学学报）, 2003（5）: 104-118.

[155] 顾永忠, 等. 刑事辩护——国际标准与中国实践[M]. 北京: 北京大学出版社, 2012: 290.

[156] 谢佑平, 万毅. 刑事诉讼法原则: 程序正义的基石[M]. 北京: 法律出版社, 2002: 227.

[157] 左卫民, 马静华. 刑事法律援助改革试点之实证研究——基于D县试点的思考[J]. 法制与社会发展（双月刊）, 2013（1）: 65.

[158] 谭世贵, 练法红. 构建中国特色值班律师制度[N]. 中国社会科学报, 2017-9-6（5）.

[159] 孙谦. 关于冤假错案的两点思考[J]. 中国法律评论, 2016（4）: 2.

[160] 张文显. 习近平法治思想研究（下）——习近平全面依法治国的核心观点[J]. 法制与社会发展（双月刊）, 2016（4）: 5, 16.

[161] 约翰·罗尔斯. 正义论[M]. 何怀宏, 何包钢, 廖申白, 译. 北京: 中国社会科学出版社, 1988: 86.

[162] 勒内·弗洛里奥. 错案[M]. 赵淑美, 张洪竹, 译. 北京: 法律出版社, 1984: 1.

[163] 何家弘, 何然. 刑事错案中的证据问题——实证研究与经济分析[J]. 政法论坛（中国政法大学学报）, 2008（2）: 19.

[164] 艾伦·德肖维茨. 你的权利从哪里来？[M]. 黄煜文, 译. 北京: 北京大学出版社, 2014: 8.

[165] 习近平谈治国理政（第4卷）[M]. 北京: 外文出版社, 2022: 269.

[166] 江必新. 习近平法治思想与法治中国建设[J]. 环球法律评论, 2021（3）: 5-23.

[167] 陈志尚, 赵敦华, 李中华. 人学理论与历史[M]. 北京: 北京出版社, 2004: 445.

[168] 中国人权法制化保障的新进展[EB/OL]. 人民政协网, https://www.rmzxb.com.cn/c/2017-12-15/1901477_2.shtml.

[169] 陈瑞华. 刑事诉讼的前沿问题[M]. 北京: 中国人民大学出版社,

2011: 143-144.

[170] 法国《人权宣言》（双语）[EB/OL].360文库, https: //wenku. so.com/d/d29347df4c3c1553e625bd1874ld66ca.

[171] 李昌珂. 德国刑事诉讼法典[M]. 北京: 中国政法大学出版社, 1995: 12.

[172] 史立梅. 程序正义与刑事证据法[M]. 北京: 中国人民公安大学出版社, 2003: 103.

[173] 陈国芳. 中国特色社会主义司法规律本质探究[J]. 湖南社会科学, 2013（2）: 83.

[174] 孙海龙. 科学把握和运用司法规律[J].法制资讯, 2011（11）: 51.

[175] 沈开举, 郑磊. 司法改革贵在尊重司法运行规律[J]. 人民论坛, 2014（29）: 26.

[176] 陈光中, 龙宗智. 关于深化司法改革若干问题的思考[J]. 中国法学, 2013（4）: 5.

[177] 张文显. 全面推进依法治国的伟大纲领——对十八届四中全会精神的认知与解读[J]. 法制与社会发展（双月刊）, 2015（1）: 17.

[178] 习近平. 关于《中共中央关于全面推进依法治国若干重大问题的决定》的说明[J]. 求是, 2014（21）: 19.

[179] 富勒. 法律的道德性[M]. 郑戈, 译. 北京: 商务印书馆, 2005: 169.

[180] 黄文艺. 习近平法治思想中的政法理论述要[J]. 行政法学研究, 2023（1）: 42.

[181] 徐家新. 认真学习贯彻党的十九大精神 大力加强新时代人民法院队伍建设[N]. 人民法院报, 2017-11-29（5）.

[182] 中共中央文献研究室. 十八大以来重要文献选编（上）[M]. 北京: 中央文献出版社, 2014: 718-719.

[183] 洪泉寿. 法官的"必修课"与"选修课"[N]. 人民法院报, 2014-06-13（6）.

[184] 王利明. 司法改革研究[M]. 北京: 法律出版社, 2000: 442.

[185] 法治中国建设规划（2020—2025年）[N]. 人民日报, 2021-1-11

（1-2）.

[186] 黄文艺. 论习近平法治思想中的法治工作队伍建设理论[J]. 法学, 2021（3）: 5.

[187] 徐美君. 侦查讯问程序正当性研究[M]. 北京: 中国人民公安大学出版社, 2003: 201-202.

[188] 王世民, 杨永波, 马幼宁, 彭永和. 法国司法制度改革与法官教育培训制度（下）[J]. 法律适用（国家法官学院学报）, 2000（1）: 47.

[189] 黄士元. 刑事错案形成的心理原因[J]. 法学研究, 2014（3）: 43.

[190] 黄士元. 正义不会缺席——中国刑事错案的成因与纠正[M]. 北京: 中国法制出版社, 2015: 137.

[191] 吴修良, 徐富明, 王伟, 马向阳, 匡海敏. 判断与决策中的证实性偏差[J]. 心理科学进展, 2012（7）: 1084-1085.

[192] 曹瑞林. 新闻法制学初步[M]. 北京: 解放军出版社, 1998: 217.

[193] 赵凌. 最高法院媒体限令引发争论[N]. 南方周末, 2006-9-21（12）.

[194] 张文显. 治国理政的法治理念和法治思维[J]. 中国社会科学, 2017（4）: 56.